Grundschulwörterbuch
ENGLISCH

Langenscheidt

München · Wien

Liebe Schülerin, lieber Schüler,

in diesem Wörterbuch findest du über 2000 Wörter in der englischen Sprache. In großen Wörterbüchern für Erwachsene gibt es ungefähr 160.000 englische Wörter. Da sind dann aber auch so komplizierte Wörter wie „querulous" dabei. Das heißt „nörglerisch".

Wie viele Wörter braucht man eigentlich? Man kann sich im Alltag mit 400 bis 500 Wörtern unterhalten.

Mit etwa 1400 Wörtern kann man Texte lesen. Dieses erste Wörterbuch hilft dir dabei, in die neue Sprache zu starten und viel Freude daran zu haben.

Wir haben uns überlegt, dass dafür zwei Dinge wichtig sind: Du sollst das Wörterbuch selbstständig benutzen können, und es soll dir Spaß machen, darin zu blättern.

Spaß machen Wörterbücher, wenn sie viele interessante und lustige Bilder haben. Das haben uns Schülerinnen und Schüler in deinem Alter gesagt. Bilder helfen dabei, sich das Wort zu merken. Man denkt an das Bild und erinnert sich an das Wort.

Wir haben Wörter ausgesucht, die für Kinder in deinem Alter wichtig sind. Außerdem enthält dieses Wörterbuch den gesamten Wortschatz aus den Lehrbüchern und Arbeitsbüchern von **Bumblebee**, **Camden Market Junior** und **Discovery**.

Zu jedem Wort gibt es einen Beispielsatz, damit du sehen kannst, wie es angewendet wird. In den Mittelpunkt der Sätze stellen wir zwei Kinder, ihre Familien und Freunde.

Damit du das Wörterbuch selbstständig nutzen kannst, haben wir alle Wörter in eine alphabetische Reihenfolge gebracht.

Auf den Seiten 198 bis 235 findest du Bildseiten zu bestimmten Themen. Auch hier haben wir überlegt, welche Themen für dich wichtig sind.

Ganz hinten, auf den Seiten 236 bis 255, findest du alle Wörter in umgekehrter Sprachreihenfolge, zuerst das deutsche Wort und dann das englische Wort.

Es ist hilfreich, wenn man ein neues Wort nicht nur lesen kann, sondern es auch hört. Dabei hilft dir der TING-Stift, denn er macht die Wörter hörbar. Tipp mit ihm die Bilder und die Schrift an, dann hörst du die Wörter und Sätze auf Englisch und auf Deutsch. Probiere es am besten selbst aus, indem du mit jemandem in der neuen Sprache sprichst. Zur Unterstützung gibt es auf den Themenseiten Spiele für den TING-Stift. Hier kannst du die Sprache anwenden. Tipp einfach auf die Symbole am unteren Bildrand und schon geht's los:

 Spielstart

 Spielanleitung

 Spielende

Du wirst staunen, wie viele Wörter du schon kennst, wenn du sie im Wörterbuch gehört und selbst gesprochen hast. Wir wünschen dir viel Spaß mit dem Buch. Have fun!

Gila Hoppenstedt und die Grundschulredaktionen der Verlage Langenscheidt, Westermann, Schroedel und Diesterweg

INHALT

A

a/an
ein, eine

It's a banana, not an apple!
Es ist eine Banane, kein Apfel!

a.m.
morgens, vormittags

We start school at 8 a.m.
Die Schule beginnt um 8 Uhr morgens.

about
über, um

The book is about knights.
In dem Buch geht es um Ritter.

above
über

Watch out! There is a spider above your head!
Pass auf! Da ist eine Spinne über deinem Kopf!

ache
der Schmerz, die Schmerzen

I have got an ache in my leg.
Ich habe einen Schmerz in meinem Bein.

across
über, hinüber

Tim is running across the street.
Tim läuft über die Straße.

actor
der Schauspieler

The actor is playing a king.
Der Schauspieler spielt einen König.

to act out
nachspielen

Mia and Lisa act out the dialogue.
Mia und Lisa spielen den Dialog nach.

actress
die Schauspielerin

The actress is playing a queen.
Die Schauspielerin spielt eine Königin.

to add
hinzufügen

Add Lucy's name to the list.
Füge Lucys Namen zur Liste hinzu.

address
die Adresse

Is this your address?
Ist das deine Adresse?

adventure books
die Abenteuer-bücher

Ben loves to read adventure books in bed.
Ben liebt es, Abenteuer-bücher im Bett zu lesen.

advert
die Anzeige,
der Werbespot

**That was a
funny advert!**
Das war ein witziger
Werbespot!

to be afraid of
Angst haben vor

**The mouse isn't
afraid of the cat.**
Die Maus hat keine
Angst vor der Katze.

after
nach

**We eat lunch
after school.**
Nach der Schule
essen wir Mittag.

afternoon
der Nachmittag

**Lisa does her home-
work in the afternoon.**
Am Nachmittag macht
Lisa Hausaufgaben.

again
noch mal

**Can you say that
again, please?**
Kannst du das bitte
noch mal sagen?

age
das Alter

**Grandma won't
tell us her age.**
Oma sagt uns ihr
Alter nicht.

ago
vor

**I started school
two years ago.**
Ich habe vor zwei Jahren
die Schule begonnen.

to agree
zustimmen

I agree with you.
Ich stimme dir zu.

air
die Luft

**There must be a hole.
The air has gone!**
Da muss ein Loch
sein. Die Luft ist raus!

air matress
die Luftmatratze

**Blowing up the air
matress is hard work!**
Die Luftmatratze aufzu-
blasen ist harte Arbeit!

airport
der Flughafen

**There are lots of big
planes at the airport.**
Es gibt viele große
Flugzeuge am Flug-
hafen.

alarm
der Alarm

Turn the alarm off!
Mach den Alarm aus!

A

alarm clock
der Wecker

The alarm clock is ringing!
Der Wecker klingelt!

alien
der Außerirdische,
die Außerirdische,
der Alien

The alien has got a big head and six eyes.
Der Alien hat einen großen Kopf und sechs Augen.

all
alle

All the cats are sleeping.
Alle Katzen schlafen.

all year round
das ganze Jahr hindurch

Our cat goes out all year round.
Unsere Katze geht das ganze Jahr hindurch raus.

along
entlang

Let's cycle along the river.
Lasst uns am Fluss entlang Fahrrad fahren.

alphabet
das Alphabet

Tim knows the alphabet already.
Tim kennt schon das Alphabet.

already
schon

I've already seen the film.
Ich habe den Film schon gesehen.

also
auch, außerdem

We have also got a dog.
Wir haben auch einen Hund.

always
immer

Lisa always reads in bed.
Lisa liest immer im Bett.

am
bin

I am ten years old.
Ich bin zehn Jahre alt.

amazing
erstaunlich,
bewundernswert

Monkeys are amazing animals.
Affen sind erstaunliche Tiere.

ambulance
der Krankenwagen

Nee nah, nee nah! Here comes an ambulance!
Tatü, tata! Hier kommt ein Krankenwagen!

and
und

**Lisa and Susie
are friends.**
Lisa und Susie
sind Freundinnen.

angel
der Engel

**There is an angel
hanging on the
Christmas tree.**
Am Weihnachtsbaum
hängt ein Engel.

angry
wütend

Hide! Mum is angry.
Versteck dich! Mama
ist wütend.

A

animal
das Tier

**There are lots and lots
of animals in the zoo.**
Im Zoo sind viele, viele
Tiere.

animal products
die Tierprodukte

**Mr Black doesn't
eat animal products.**
Herr Black isst keine
Tierprodukte.

animation club
die Film-AG

**We go to animation
club on Mondays.**
Montags gehen wir
zur Film-AG.

anorak
der Anorak

**Lisa loves her
red anorak.**
Lisa liebt ihren
roten Anorak.

another
noch ein, noch
eine

**Would you like
another cup of tea?**
Möchtest du noch
eine Tasse Tee?

answer
die Antwort

**Do you know
the answer?**
Weißt du die Antwort?

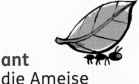

ant
die Ameise

**The tiny black ant
is carrying a big
green leaf.**
Die winzige schwarze
Ameise trägt ein
großes grünes Blatt.

Antarctic
die Antarktis

**There are lots of
penguins in the
Antarctic.**
Es gibt viele Pinguine
in der Antarktis.

antelope
die Antilope

**There are lots of
antelopes in Africa.**
Es gibt viele Antilopen
in Afrika.

any
irgendein,
irgendeine, etwas

**Have you got any
money? — I haven't
got any money.**
Hast du etwas Geld?
— Ich habe kein Geld.

anything
(irgend)etwas

**Can I help you
with anything?**
Kann ich dir bei irgend-
etwas helfen?

anything else
noch etwas

**Would you like anything
else to eat?**
Möchtest du noch etwas
anderes zum Essen?

apartment (AE)
die Wohnung

**My grandparents live
in that apartment.**
Meine Großeltern leben
in dieser Wohnung.

appear
erscheinen

**The stars appear
at night.**
Die Sterne erscheinen
nachts.

apple
der Apfel

**Mia is biting into
the apple.**
Mia beißt in den Apfel.

apple crumble
der Apfelstreusel-
kuchen

**Grandma makes yummy
apple crumble.**
Oma macht leckeren
Apfelstreuselkuchen.

apple pie
der Apfelkuchen

**Do you want cream
with the apple pie?**
Möchtest du Sahne
zum Apfelkuchen?

appointment
der Termin

**Ben has got an appoint-
ment at the dentist's.**
Ben hat einen Termin
beim Zahnarzt.

April
der April

**We play April Fool's
jokes on the first of
April.**
Am 1. April machen
wir Aprilscherze.

April fool!
April, April!

**That was a trick.
April Fool!**
Das war ein Streich.
April, April!

April Fool's Day
der erste April

**People play tricks on
April Fool's Day.**
Leute machen Scherze
am ersten April.

aquarium
das Aquarium

**Fish are swimming
in the aquarium.**
Im Aquarium
schwimmen Fische.

are
sind

**The fish are
very colourful.**
Die Fische sind
sehr bunt.

arm
der Arm

**The children are
raising their arms.**
Die Kinder heben
ihre Arme hoch.

A

armchair
der Sessel

**Grandma is sitting
in the armchair.**
Oma sitzt im Sessel.

around
um (herum),
herum

**The earth travels
around the sun.**
Die Erde bewegt
sich um die Sonne.

to arrive
ankommen

**The train arrives
at 10.30.**
Der Zug kommt
um 10.30 Uhr an.

Art
Kunst

**Mia's favourite
lesson is Art.**
Mias Lieblingsfach
ist Kunst.

art club
die Kunst-AG

**The art club meets
in the lunch break.**
Die Kunst-AG trifft sich
in der Mittagspause.

artist
der Künstler,
die Künstlerin

**Mia wants to be an artist
when she grows up.**
Mia möchte Künstlerin
werden, wenn sie groß ist.

as
wie

Lisa is as tall as Susie.
Lisa ist so groß wie
Susie.

to ask
fragen

**Can you ask the
question again, please?**
Kannst du bitte die
Frage noch mal stellen?

assembly
die Schulver-
sammlung,
die (Schüler)
Versammlung

**We may not speak
in the assembly.**
Wir dürfen in der
Schulversammlung
nicht sprechen.

assembly hall
die Aula

The concert is in the assembly hall.
Das Konzert ist in der Aula.

astronaut
der Astronaut, die Astronautin

The astronaut is going to the space station.
Der Astronaut geht zur Weltraumstation.

as well
auch

Do you want toast as well?
Willst du auch Toast?

at
an, bei, zu, in

Ben is at school.
Ben ist in der Schule.

athletics
die Leichtathletik

In the summer, we do athletics at school.
Im Sommer machen wir Leichtathletik in der Schule.

attic
der Dachboden

A secret ladder leads to the attic.
Zum Dachboden führt eine geheime Leiter.

August
der August

The school holidays are in August.
Im August sind Schulferien.

aunt
die Tante

Aunt Lilly is Mum's sister.
Tante Lilly ist Mamas Schwester.

Australia
Australien

Aunt Lilly and Carl are in Australia.
Tante Lilly und Carl sind in Australien.

autumn
der Herbst

The leaves fall from the trees in autumn.
Im Herbst fallen die Blätter von den Bäumen.

away
weg

Don't go away, I like you!
Geh nicht weg, ich mag dich!

axe
die Axt

Dad's chopping wood with the axe.
Papa hackt Holz mit der Axt.

baby
das Baby

Mum has a new baby.
Mama hat ein neues
Baby.

back
der Rücken

**Dad did lots of work in
the garden and now his
back hurts.**
Papa hat viel im Garten
gearbeitet und jetzt tut
sein Rücken weh.

back
zurück

Give that back!
Gib das zurück!

B

at the back
hinten

**Can you hear me
at the back?**
Könnt ihr mich
hinten hören?

backache
die Rücken-
schmerzen

**Gardening gives
Grandad backache.**
Gartenarbeit verursacht
bei Opa Rücken-
schmerzen.

back brake
die Rückbremse

**How does the
back brake work?**
Wie funktioniert
die Rückbremse?

back light
das Rücklicht

**Oh no, the back light
is broken!**
Oh nein, das Rücklicht
ist kaputt!

backwards
rückwärts

**The car is going
backwards.**
Das Auto fährt
rückwärts.

back wheel
das Hinterrad

**Ben's back wheel
needs more air.**
Bens Hinterrad
braucht mehr Luft.

bacon
der Speck

**Can I have some
bacon, please?**
Kann ich bitte
etwas Speck haben?

bad
schlecht

That's not a bad idea.
Das ist keine schlechte
Idee.

badminton
das Federballspiel

**We like to play bad-
minton in the summer.**
Im Sommer spielen wir
gerne Federball.

B

bag
die Tasche

Hey! The thief is stealing the bag!
Hey! Der Dieb klaut die Tasche!

to bake
backen

Mum bakes cupcakes every Sunday.
Mama backt jeden Sonntag Törtchen.

baked beans
die gebackenen Bohnen

Henry likes baked beans on toast.
Henry mag gebackene Bohnen auf Toast.

baked potato
die Ofenkartoffel

Tim puts butter on his baked potato.
Tim tut Butter auf seine Ofenkartoffel.

bakery
die Bäckerei

The bakery sells fresh rolls.
Die Bäckerei verkauft frische Brötchen.

balcony
der Balkon

The house has a balcony.
Das Haus hat einen Balkon.

ball
der Ball

Goal! The player kicks the ball into the goal.
Tor! Der Spieler schießt den Ball ins Tor.

balloon
der Luftballon

Lisa is blowing up the balloon.
Lisa bläst den Luftballon auf.

bamboo leaves
die Bambusblätter

Pandas eat bamboo leaves.
Pandabären essen Bambusblätter.

banana
die Banane

Pick up the banana peel, please. Someone might slip on it.
Heb bitte die Bananenschale auf. Jemand könnte auf ihr ausrutschen.

band
die Band, die Musikgruppe

When I grow up, I want to be in a band.
Wenn ich erwachsen bin, möchte ich in einer Band sein.

bandage
der Verband

The nurse is putting a bandage on the leg.
Die Krankenschwester macht einen Verband um das Bein.

15

Bandstand
der Musikpavillon

I want to go to the Bandstand and listen to the band.
Ich möchte zum Musikpavillon gehen und der Band zuhören.

bank
die Bank

The bank is next to the town hall.
Die Bank ist neben dem Rathaus.

barbecue
die Grillparty

Will you come to our barbecue?
Wirst du zu unserer Grillparty kommen?

B

to have a barbecue
grillen

Let's have a barbecue at the weekend.
Lasst uns am Wochenende grillen.

to bark
bellen

Sam is barking at the chickens.
Sam bellt die Hühner an.

barn
die Scheune

There is an old dusty tractor in the barn.
In der Scheune steht ein alter verstaubter Traktor.

barrier
die Absperrung

Don't go beyond this barrier.
Geh nicht hinter diese Absperrung.

baseball
Baseball

Lots of kids in the USA play baseball.
Viele Kinder spielen Baseball in den USA.

basin
das Waschbecken

Why are Ben's socks in the basin?
Wieso sind Bens Socken im Waschbecken?

basket
der Korb

A small cat is sleeping in the basket.
Im Korb schläft eine kleine Katze.

basketball
der Basketball

Ben likes to play basketball.
Ben spielt gerne Basketball.

bat
die Fledermaus

Bats sleep upside down.
Fledermäuse schlafen mit dem Kopf nach unten.

bath
die Badewanne

**Henry is playing
pirates in the bath.**
Henry spielt Pirat in
der Badewanne.

to have a bath
baden

Henry is having a bath.
Henry badet gerade.

bathroom
das Badezimmer

**Where is Henry?
He's in the bathroom!**
Wo ist Henry? Er ist im
Badezimmer!

B

bauble
die (Christbaum-)
Kugel

**What colour are the
baubles on the tree?**
Welche Farbe haben
die Kugeln am Baum?

to be
sein

**I am glad to be
your friend.**
Ich bin froh, dein
Freund zu sein.

beach
der Strand

**There are two palm
trees on the sandy
beach.**
Am Sandstrand stehen
zwei Palmen.

beach towel
das Badetuch

**Sam is lying on
the beach towel.**
Sam liegt auf dem
Badetuch.

beak
der Schnabel

**The bird has a
seed in his beak.**
Der Vogel hat einen
Samen in seinem
Schnabel.

bean
die Bohne

**I don't like cold
bean salad.**
Ich mag keinen
kalten Bohnensalat.

bear
der Bär

Bears love honey.
Bären lieben Honig.

beard
der Bart

**Father Christmas has
a long white beard.**
Der Weihnachtsmann
hat einen langen
weißen Bart.

to beat
schlagen

**Tim is beating
the drum.**
Tim schlägt
die Trommel.

beautiful
schön

The spring flowers are beautiful.
Die Frühlingsblumen sind schön.

because
weil

I am wearing gloves because it's cold outside.
Ich trage Handschuhe, weil es draußen kalt ist.

bed
das Bett

Who is lying in the bed?
Wer liegt im Bett?

B

bedroom
das Schlafzimmer

The dog is not allowed in the bedroom!
Der Hund darf nicht ins Schlafzimmer!

bee
die Biene

Bees make honey.
Bienen machen Honig.

before
vor

Mum goes jogging before breakfast.
Mama joggt vor dem Frühstück.

to begin
anfangen

School begins at 8 o'clock.
Die Schule beginnt um 8 Uhr.

behind
hinter

Sam is waiting behind the door.
Sam wartet hinter der Tür.

to believe
glauben

Do you believe in monsters?
Glaubst du an Monster?

bell
die Glocke

Ding-dong. The bell is ringing.
Dingdong. Die Glocke läutet.

belly
der Bauch

Lisa is tickling the baby's belly.
Lisa kitzelt den Bauch des Babys.

to belong to
gehören

These books belong to Tim.
Diese Bücher gehören Tim.

below
unten, unter

**Kitty can hear the mice
in the cellar below.**
Kitty kann die Mäuse
unten im Keller hören.

belt
der Gürtel

Dad needs a belt!
Papa braucht einen
Gürtel!

bench
die Bank

**An old lady is sitting
on the park bench.**
Auf der Parkbank sitzt
eine alte Dame.

B

to bend
sich biegen,
beugen

**Bend over and
touch your toes!**
Beuge dich nach
vorn und berühre
deine Zehen!

beside
neben

Sit down beside me.
Setz dich neben mich.

best
beste, bester

**Susie is Lisa's
best friend.**
Susie ist Lisas
beste Freundin.

better
besser

I feel better now.
Ich fühle mich jetzt
besser.

between
zwischen

**Sam is sitting between
Mia and Ben.**
Sam sitzt zwischen Mia
und Ben.

bicycle
das Fahrrad

**The bicycle is
too big for Tim.**
Das Fahrrad ist
zu groß für Tim.

big
groß

**"Oh, how big you are!"
says the mouse to the
elephant.**
„Oh, wie groß du bist!",
sagt die Maus zum
Elefanten.

Big Ben
der Big Ben

**Big Ben is the name
of the great bell of
the Elisabeth Tower
in London.**
Big Ben ist der Name
der großen Glocke
vom Elisabeth Tower
in London.

big hand
der große (Uhr)
Zeiger

**The big hand is
pointing to the 6.**
Der große Zeiger
zeigt auf die 6.

19

bike
das Fahrrad

I need a smaller bike!
Ich brauche ein
kleineres Fahrrad!

bikini
der Bikini

**Aunt Lilly is wearing
a green bikini.**
Tante Lilly trägt
einen grünen Bikini.

bin
der Mülleimer

**The bin is full!
Please empty it.**
Der Mülleimer ist voll!
Bitte leere ihn aus.

B

binoculars
das Fernglas

**The lifeguard is looking
through the binoculars.**
Der Rettungsschwimmer
sieht durch das Fernglas.

bird
der Vogel

**The bird is feeding
its baby chicks.**
Der Vogel füttert
seine Jungen.

birthday
der Geburtstag

**Today is Henry's
birthday.**
Henry hat heute
Geburtstag.

birthday cake
der Geburtstags-
kuchen

**There are ten candles
on the birthday cake.**
Auf dem Geburtstagsku-
chen sind zehn Kerzen.

birthday card
die Geburtstags-
karte

**The funny birthday
card is from Aunt Lilly.**
Die lustige Geburtstags-
karte ist von Tante Lilly.

birthday party
die Geburtstags-
party

**The birthday party
begins at 12 o'clock.**
Die Geburtstagsparty
beginnt um 12 Uhr.

birthday present
das Geburtstags-
geschenk

**Grandad is bringing a
big birthday present.**
Opa bringt ein großes
Geburtstagsgeschenk.

biscuit
der Keks

**The biscuit is so hard.
I can't bite it.**
Der Keks ist so hart. Ich
kann ihn nicht beißen.

bison,
Plural: bison
der Bison, Plural:
die Bisons

**There are no bison
in Germany.**
Es gibt keine Bisons
in Deutschland.

B

a bit
ein bisschen

**Please speak
a bit louder!**
Bitte sprich ein
bisschen lauter!

to bite
beißen

**Mia is biting into an
apple.**
Mia beißt in einen Apfel.

to bite something
through
etwas durch-
beißen

**Sam has bitten through
his toy.**
Sam hat sein Spielzeug
durchgebissen.

a bit to the left
ein bisschen nach
links

**Move a bit to the left,
please.**
Geh bitte ein bisschen
nach links.

a bit to
the right
ein bisschen
nach rechts

**Put your legs a bit
to the right, please.**
Mach deine Beine
bitte ein bisschen
nach rechts.

black
schwarz

**Grandad has lots of old
black and white photos.**
Opa hat viele alte
Schwarz-Weiß-Fotos.

blackbird
die Amsel

**The blackbird wakes me
up every morning with
its song.**
Die Amsel weckt mich
jeden Morgen mit ihrem
Lied auf.

blackboard
die Tafel

**Mrs Elling is standing
next to the blackboard.**
Frau Elling steht neben
der Tafel.

blanket
die Decke

**There is a big black
spot on the blanket!**
Auf der Decke ist ein
großer schwarzer Fleck!

to bleed
bluten

**Ow! My finger is
bleeding.**
Au! Mein Finger blutet.

to blend
mischen

**Blend the egg with
the milk.**
Misch das Ei mit der
Milch.

blender
der Mixer

**Grandma makes soup
with the blender.**
Oma macht Suppe
mit dem Mixer.

to block
versperren

**The lorry is blocking
the zebra crossing.**
Der LKW versperrt
den Zebrastreifen.

block of flats
das Apartment-
haus

**Do you live in a
block of flats?**
Lebst du in einem
Apartmenthaus?

blog
der Blog

**Carl writes a
blog about cars.**
Carl schreibt einen
Blog über Autos.

B

blond
blond

Mia has blond hair.
Mia hat blonde Haare.

blouse
die Bluse

I don't like this blouse!
Diese Bluse mag ich
nicht!

to blow
wehen, blasen

**The wind blows
Grandma's hat off.**
Der Wind weht Omas
Hut fort.

to blow out
ausblasen

**Henry is blowing out
the ten candles.**
Henry bläst die
zehn Kerzen aus.

blue
blau

**Tim is wearing his
favourite blue cap.**
Tim trägt seine blaue
Lieblingskappe.

board
die Tafel, das Brett

**Could you write the
sentence on the board,
please?**
Könntest du den
Satz bitte an die
Tafel schreiben?

board game
das Brettspiel

**Let's play a board
game!**
Lasst uns ein Brettspiel
spielen!

boat
das Boot

**The boat is sailing
on the lake.**
Das Boot segelt
auf dem See.

body
der Körper

**Oh dear! My body
is all red!**
Oje! Mein Körper
ist ganz rot!

bone
der Knochen

Sam is carrying a big bone in his mouth.
Sam trägt einen großen Knochen in seinem Maul.

bonfire
das Freudenfeuer

Ben and Dad are building a bonfire.
Ben und Papa bauen ein Freudenfeuer.

book
das Buch

The book is about the Stone Age.
Das Buch handelt von der Steinzeit.

B

book club
die Lese-AG, die Bücher-AG

Susie goes to book club after school.
Susie geht nach der Schule zur Bücher-AG.

bookshelf
das Bücherregal

I'm putting the new book in the bookshelf.
Ich stelle das neue Buch in das Bücherregal.

bookshop
die Buchhandlung

The bookshop sells comics.
In der Buchhandlung gibt es Comics.

boots
die Stiefel

Splish, splash! I love jumping in puddles with my boots.
Plitsch, platsch! Ich mag es, mit meinen Stiefeln in Pfützen zu springen.

boring
langweilig

This book is boring!
Dieses Buch ist langweilig!

to borrow a book
sich ein Buch leihen

You can borrow a book from the library.
Du kannst dir ein Buch von der Bücherei leihen.

bottle
die Flasche

Ben is drinking out of the bottle.
Ben trinkt aus der Flasche.

a bottle of ...
eine Flasche ...

Carl has an empty bottle of water.
Carl hat eine leere Flasche Wasser.

bottom
der Po, der Hintern

Ouch! I fell on my bottom.
Autsch! Ich bin auf den Hintern gefallen.

23

bowl
die Schale,
die Schüssel

**There's yummy
chocolate pudding
in the bowl.**
In der Schale ist
leckerer Schoko-
ladenpudding.

box
die Schachtel

**Grandma keeps
buttons in the box.**
In der Schachtel
sammelt Oma Knöpfe.

boy
der Junge

**The boy is wearing
an earring.**
Der Junge trägt
einen Ohring.

B

boyfriend
der Freund

**Carl is Aunt
Lilly's boyfriend.**
Carl ist Tante Lillys
Freund.

brakes
die Bremsen

**Where are the
brakes on this bike?**
Wo sind die Bremsen
an diesem Fahrrad?

branch
der Ast

**Be careful! The
branch is breaking.**
Vorsicht! Der Ast bricht.

brave
mutig

**The little mouse
is very brave.**
Die kleine Maus
ist sehr mutig.

bread
das Brot

**The baker bakes fresh
bread every morning.**
Der Bäcker backt jeden
Morgen frisches Brot.

to break
kaputt machen

**Be careful!
You'll break it!**
Sei vorsichtig! Du
machst es noch kaputt!

breakfast
das Frühstück

**Lisa likes to eat
cereal for breakfast.**
Lisa isst zum Frühstück
gerne Müsli.

to have breakfast
frühstücken

**We are having
breakfast at Aunt
Lilly's house today.**
Wir frühstücken heute
bei Tante Lilly.

breaktime, break
die Pause

**I eat my sandwich
in the breaktime.**
Ich esse mein belegtes
Brot in der Pause.

B

bridge
die Brücke

The red car is driving over the bridge.
Das rote Auto fährt über die Brücke.

bright
hell, leuchtend

Lisa's reading lamp is very bright.
Lisas Leselampe ist sehr hell.

to bring
bringen

Bring me your dirty socks and I'll put them in the washing machine.
Bring mir deine schmutzigen Socken, ich stecke sie in die Waschmaschine.

broccoli
der Brokkoli

Henry loves broccoli soup.
Henry liebt Brokkolisuppe.

broom, broomstick
der Besen, der Besenstiel

The witch has a new broomstick.
Die Hexe hat einen neuen Besen.

brother
der Bruder

Tim is Mia's brother.
Tim ist Mias Bruder.

brown
braun

Ben has brown hair.
Ben hat braune Haare.

to brush
bürsten

Lisa is brushing Kitty. Purr.
Lisa bürstet Kitty. Schnurr.

to brush your teeth
sich die Zähne putzen

I brush my teeth twice a day.
Ich putze mir zweimal am Tag die Zähne.

bubble
die Luftblase, die Seifenblase

The soap bubbles soon burst. Pop, pop, pop!
Die Seifenblasen zerplatzen schnell. Plopp, plopp, plopp!

bubble gum
der Kaugummi

You can blow bubbles with bubble gum.
Mit Kaugummi kann man Blasen machen.

bucket
der Eimer

The horse is drinking from the bucket.
Das Pferd trinkt aus dem Eimer.

B

Buckingham Palace
der Buckingham Palast

The Queen lives in Buckingham Palace.
Die Queen wohnt im Buckingham Palast.

budgie
der Wellensittich

My budgie can say his name.
Mein Wellensittich kann seinen Namen sagen.

buffalo, buffaloes
der Büffel, die Büffel

The buffalo is bigger than Uncle Carl.
Der Büffel ist größer als Onkel Carl.

bug
der Käfer

There's a bug on the flower.
Da ist ein Käfer auf der Blume.

to build
bauen

Tim is building a tower with his building bricks.
Tim baut einen Turm mit seinen Bausteinen.

to build a sandcastle
eine Sandburg bauen

Dad, can you help us build a sandcastle?
Papa, hilfst du uns, eine Sandburg zu bauen?

building
das Gebäude

The town hall is a big building.
Das Rathaus ist ein großes Gebäude.

building blocks
die Bausteine

Sam knocked over the building blocks.
Sam hat die Bausteine umgeworfen.

bunk bed
das Etagenbett, das Stockbett

Don't fall off the bunk bed!
Fall nicht vom Etagenbett!

bunny
das Kaninchen

My bunny is brown and white.
Mein Kaninchen ist braun und weiß.

bus
der Bus

Henry goes to school by bus.
Henry fährt mit dem Bus zur Schule.

bus driver
der Busfahrer, die Busfahrerin

The bus driver is sitting behind the steering wheel.
Die Busfahrerin sitzt am Steuer.

bush
der Busch,
der Strauch

**A hedgehog lives
under the bush.**
Unter dem Busch
lebt ein Igel.

bus stop
die Bushaltestelle

**The bus stops at
the bus stop.**
Der Bus hält an
der Bushaltestelle.

busy
beschäftigt

Mum is busy packing.
Mama ist mit Packen
beschäftigt.

B

but
aber

**I don't like beans,
but I do like peas.**
Ich mag keine Bohnen,
aber ich mag Erbsen.

butter
die Butter

**May I please have
the butter?**
Darf ich bitte die
Butter haben?

to butter
einfetten,
bestreichen

**First you butter
the dish.**
Zuerst wird die
Form eingefettet.

butterfly
der Schmetterling

**The beautiful butterfly
is blue and red.**
Der schöne Schmetter-
ling ist blau und rot.

button
der Knopf

Press the red button!
Drück auf den roten
Knopf!

to buy
kaufen

**Grandma is buying
tomatoes.**
Oma kauft Tomaten.

**to buy an ice
cream**
ein Eis kaufen

**Susie wants to
buy an ice cream.**
Susie möchte ein
Eis kaufen.

by
von, bei

**Mia's favourite book
is by J. K. Rowling.**
Mias Lieblingsbuch
ist von J. K. Rowling.

bye-bye
tschüs

**Bye-bye! See
you tomorrow!**
Tschüs! Bis morgen!

café

das Café

Sometimes Grandma buys me ice cream in the café.
Manchmal kauft mir Oma ein Eis im Café.

cafeteria

die Cafeteria

I had lunch in the cafeteria today.
Heute habe ich in der Cafeteria Mittag gegessen.

cage

der Käfig

The hamsters are sleeping in the cage.
Die Hamster schlafen im Käfig.

cake

der Kuchen

Aunt Lilly is baking a cake.
Tante Lilly backt einen Kuchen.

calculator

der Taschen-rechner

Calculating is easy with a calculator.
Rechnen ist einfach mit einem Taschenrechner.

calendar

der Kalender

The calendar has hundreds of pages.
Der Kalender hat Hunderte von Seiten.

C

to call

anrufen; nennen

Call me on Saturday.
Ruf mich am Samstag an.

to be called

heißen, genannt werden

The 31st of December is called New Year's Eve.
Der 31. Dezember wird Silvester genannt.

called
namens, genannt

Ben has got a teacher called Mr Black.
Ben hat einen Lehrer namens Herr Black.

camel

das Kamel

The camels are crossing the desert.
Die Kamele durch-queren die Wüste.

camera

der Fotoapparat

Mum loves her old camera.
Mama liebt ihren alten Fotoapparat.

to camp

campen

My family likes to go camping.
Meine Familie geht gerne campen.

camp
das Lager,
das Camp

The boys are at scout camp this week.
Die Jungs sind diese Woche im Pfadfinderlager.

campsite
der Campingplatz

There are no bears on the campsite.
Es gibt keine Bären auf dem Campingplatz.

can
können

The small child can already walk!
Das kleine Kind kann schon laufen!

Canada
Kanada

There are wolves and bears in Canada.
In Kanada gibt es Wölfe und Bären.

candle
die Kerze

Mum is lighting a candle.
Mama zündet eine Kerze an.

candy (AE)
die Süßigkeiten

Candy is American English for sweets.
Candy ist Amerikanisches Englisch für Süßigkeiten.

canteen
die Mensa

Lisa and Susie are eating lunch in the canteen.
Lisa und Susie essen Mittag in der Mensa.

cap
die Mütze,
die Kappe

The rain is falling on Grandad's cap.
Der Regen tropft auf Opas Kappe.

capital
die Hauptstadt

London is the capital of England.
London ist die Hauptstadt von England.

car
das Auto

The red car is really old.
Das rote Auto ist uralt.

caravan
der Wohnwagen

The caravan is too small for my family.
Der Wohnwagen ist zu klein für meine Familie.

card
die Karte

Write your name on the card, please.
Schreib deinen Namen bitte auf die Karte.

card game
das Kartenspiel

**Ben and Henry are
playing a card game.**
Ben und Henry spielen
ein Kartenspiel.

careful
vorsichtig

**Be careful!
A car is coming!**
Sei vorsichtig! Da
kommt ein Auto!

carousel
das Karussell

**I want to ride
on the carousel!**
Ich möchte mit dem
Karussell fahren!

C

carpet
der Teppich

**Sam is lying on
the carpet.**
Sam liegt auf
dem Teppich.

carrot
die Karotte

Rabbits love carrots.
Kaninchen lieben
Karotten.

to carry
tragen

**Dad likes to
carry the baby.**
Papa trägt das
Baby gerne.

carve
einschneiden,
schnitzen

**It's time to carve
the pumpkin!**
Es ist Zeit, den Kürbis
einzuschneiden.

castle
das Schloss,
die Burg

The castle is on a hill.
Das Schloss steht auf
einem Hügel.

cat
die Katze

Kitty is Mia's cat.
Kitty ist Mias Katze.

to catch
fangen

**The goalkeeper is
catching the ball.**
Der Torwart fängt
den Ball.

cauldron
der Kessel

**The mouse fell
into the cauldron!**
Die Maus fiel in den
Kessel!

cauliflower
der Blumenkohl

**How much does the
cauliflower cost?**
Was kostet der
Blumenkohl?

cave
die Höhle

The bear lives in a cave.
Der Bär lebt in einer Höhle.

CD
die CD

Lisa and Susie like to listen to pop music CDs.
Lisa und Susie hören gerne Popmusik-CDs.

to celebrate
feiern

Grandma and grandad are celebrating their wedding anniversary.
Oma und Opa feiern ihren Hochzeitstag.

C

cellar
der Keller

A family of mice lives in the cellar.
Im Keller wohnt eine Mäusefamilie.

chair
der Stuhl

Don't sit on the chair! It's broken!
Setz dich nicht auf den Stuhl! Er ist kaputt!

chalk
die Kreide

Mrs Elling writes with chalk.
Frau Elling schreibt mit Kreide.

---

to change
wechseln, ändern

Can you change a fifty euro note?
Kannst du einen 50-Euro-Schein wechseln?

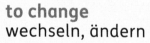

to change
sich verändern

The baby changed a lot this year.
Das Baby hat sich dieses Jahr sehr verändert.

chant
der Sprechgesang

Carl hates Aunt Lilly's chants.
Carl hasst Tante Lillys Sprechgesang.

character
der Charakter, die Figur

There are funny characters in this book.
Da sind lustige Charaktere in diesem Buch.

to chat
plaudern, chatten

Lisa likes to chat with Susie.
Lisa chattet gern mit Susie.

cheap
billig

These exercise books are so cheap. We can buy two.
Diese Schulhefte sind so billig. Wir können zwei kaufen.

to check
prüfen

**Grandma is checking
her weight.**
Oma prüft ihr Gewicht.

checkout
die Kasse

**There is a long queue
at the checkout.**
An der Kasse ist eine
lange Schlange.

cheese
der Käse

**The cheese has lots
and lots of holes.**
Der Käse hat viele,
viele Löcher.

cheetah
der Gepard

**The cheetah is the
fastest land animal.**
Der Gepard ist das
schnellste Landtier.

chemist's
die Apotheke

**There is a fountain in
front of the chemist's.**
Vor der Apotheke steht
ein Brunnen.

cherry
die Kirsche

**Cherries have stones
in the middle.**
Kirschen haben
Kerne in der Mitte.

C

chess
das Schachspiel

**Ben likes to play chess
with Grandad.**
Ben spielt gerne mit
Opa Schach.

chest
die Kiste

**There are some old
clothes in the chest.**
In der Kiste sind alte
Kleidungsstücke.

chestnut
die Kastanie

**Tim is collecting
chestnuts.**
Tim sammelt
gerade Kastanien.

chest of drawers
die Kommode

**My socks are in the
chest of drawers.**
Meine Socken sind
in der Kommode.

to chew
kauen

**Lisa is chewing
on her pencil.**
Lisa kaut auf
ihrem Bleistift.

chick
das Küken

**The chicks follow the
mother chicken around
the farmyard.**
Die Küken folgen
der Mutterhenne über
den Bauernhof.

chicken
das Huhn

**The chicken has
five chicks.**
Das Huhn hat
fünf Küken.

child
das Kind

**The child is in the
children's room.**
Das Kind ist im
Kinderzimmer.

children
die Kinder

**Children are not
allowed on the
building site!**
Die Baustelle ist für
Kinder verboten!

chilled
abgekühlt, gekühlt

**Chilled cola is better
than warm cola.**
Gekühlte Cola ist besser
als warme Cola.

chimney
der Schornstein

**Father Christmas
comes down the
chimney and brings
presents to the
children.**
Der Weihnachtsmann
kommt durch den
Schornstein und bringt
den Kindern Geschenke.

chimpanzee
der Schimpanse

**I want to climb like
a chimpanzee.**
Ich möchte klettern
wie ein Schimpanse.

chin
das Kinn

**Grandad has pasta
on his chin.**
Opa hat eine
Nudel am Kinn.

China
China

Pandas live in China.
Pandabären leben in
China.

chips
die Pommes frites

**Children like to eat
chips with ketchup.**
Kinder essen gerne
Pommes mit Ketchup.

chocolate
die Schokolade

**How many blocks of
chocolate can you see?**
Wie viele Tafeln Schoko-
lade kannst du sehen?

chocolate bar
der Schokoriegel

**That's a very big
chocolate bar!**
Das ist ein sehr
großer Schokoriegel!

chocolate eggs
die Schokoladen-
eier

**Mia got five chocolate
eggs for Easter.**
Mia hat fünf Schoko-
ladeneier zu Ostern
bekommen.

chocolate milk
die Schokoladen-milch

Chocolate milk for breakfast. Yummy!
Schokoladenmilch zum Frühstück. Lecker!

chocolate pudding
der Schokoladen-pudding

The baby loves chocolate pudding.
Das Baby liebt Schokoladenpudding.

choir
der Chor

The choir is singing in the church.
Der Chor singt in der Kirche.

to choose
(aus)wählen

Red or blue? Please choose.
Rot oder blau? Wähl bitte aus.

to chop
hauen, hacken

Dad is chopping the onions and crying.
Papa hackt Zwiebeln und weint dabei.

Christmas
Weihnachten

Grandma and Grandad are coming for Christmas.
Zu Weihnachten kommen Opa und Oma.

Christmas carol
das Weihnachts-lied

We love to sing Christmas carols.
Wir singen gerne Weihnachtslieder.

Christmas cracker
das Knallbonbon

There is a present, a joke and a paper hat in every Christmas cracker.
In jedem Knallbonbon ist ein Geschenk, ein Witz und ein Papierhut.

Christmas Day
der erste Weih-nachtsfeiertag

In America and England, children open their presents on Christmas Day.
In Amerika und England packen die Kinder ihre Geschenke am ersten Weihnachtsfeiertag aus.

Christmas Eve
der Heiligabend

In Germany, children open their presents on Christmas Eve.
In Deutschland öffnen die Kinder ihre Geschenke am Heiligabend.

Christmas pudding
der Plumpudding

In England people eat Christmas pudding on the 25th of December.
In England essen die Leute Plumpudding am 25. Dezember.

Christmas tree
der Weihnachts-baum

Lisa is decorating the Christmas tree.
Lisa schmückt den Weihnachtsbaum.

church
die Kirche

The church has two bells.
Die Kirche hat zwei Glocken.

cinema
das Kino

Lisa and Susie like to go to the cinema.
Lisa und Susie gehen gerne ins Kino.

to circle
einkreisen

Circle the correct answer.
Kreise die richtige Antwort ein.

C

circle
der Kreis

You can draw a circle with a compass.
Mit einem Zirkel kann man einen Kreis zeichnen.

circus
der Zirkus

Hooray, the circus is coming to our town!
Hurra, der Zirkus kommt in unsere Stadt!

circus director
der Zirkusdirektor

The circus director welcomes everyone.
Der Zirkusdirektor heißt alle willkommen.

city
die Stadt

London is a big city.
London ist eine große Stadt.

to clap
klatschen

Clap your hands!
Klatscht in die Hände!

class
die Klasse

The class is going on a trip.
Die Klasse macht einen Ausflug.

classroom
das Klassen-zimmer

Our classroom has five windows.
Unser Klassenzimmer hat fünf Fenster.

claw
die Klaue,
die Kralle

Kitty has got sharp claws.
Kitty hat scharfe Krallen.

clean
sauber

The bathroom is really clean!
Das Badezimmer ist schön sauber!

to clean (up)
sauber machen

Could you clean up your bicycle, please?
Könntest du bitte dein Fahrrad sauber machen?

clever
schlau, klug

Monkeys are clever animals.
Affen sind schlaue Tiere.

click one's fingers
mit den Fingern schnippen

Click your fingers to the music!
Schnippe mit den Fingern zur Musik!

to climb
klettern

Ben likes to climb trees.
Ben klettert gerne auf Bäume.

clock
die Uhr

The clock says 6:30.
Die Uhr zeigt 6:30.

to close
zumachen, schließen

Mr Miller is closing the door.
Herr Miller schließt die Tür.

clothes
die Kleidung

Dad hangs the clothes on the clothes hangers.
Papa hängt die Kleidung auf die Kleiderbügel.

cloud
die Wolke

The clouds look like sheep.
Die Wolken sehen aus wie Schafe.

cloudy
bewölkt

The sky is cloudy.
Der Himmel ist bewölkt.

coach
der Trainer, die Trainerin

Tim doesn't like his football coach.
Tim mag seinen Fußballtrainer nicht.

coat
der Mantel

The clown is wearing a big coat.
Der Clown hat einen großen Mantel an.

coat of arms
das Wappen

Does your family have a coat of arms?
Hat deine Familie ein Wappen?

C

cock, Langform: cockerel
der Hahn

The cock is a male hen.
Der Hahn ist ein männliches Huhn.

coconut
die Kokosnuss

Ouch! The coconut fell on my foot!
Aua! Die Kokosnuss ist auf meinen Fuß gefallen.

coffee
der Kaffee

The coffee is for Dad.
Der Kaffee ist für Papa.

C

coke, cola
die Cola

I like to drink coke with ice and lemon.
Ich trinke gerne Cola mit Eis und Zitrone.

cold
kalt

Cold lemonade tastes best when you drink it through a straw.
Kalte Limonade schmeckt am besten, wenn man sie mit einem Strohhalm trinkt.

cold
die Erkältung

Carl has got a cold.
Carl hat eine Erkältung.

to be cold
frieren

I'm putting on a jumper because I'm cold.
Ich ziehe einen Pullover an, weil ich friere.

collage
die Collage

We need lots of pictures for the collage.
Wir brauchen viele Bilder für die Collage.

to collect
sammeln

Grandad collects stamps.
Opa sammelt Briefmarken.

to collect cards
Karten sammeln

How many of these football cards have you already collected?
Wie viele von diesen Fußballkarten hast du schon gesammelt?

to collect shells
Muscheln sammeln

Lisa and Susie like to collect shells.
Lisa and Susie sammeln gerne Muscheln.

colony
die Kolonie

In the past, Australia was a British colony.
Früher war Australien eine britische Kolonie.

colour
die Farbe

**My favourite
colour is blue.**
Meine Lieblingsfarbe
ist blau.

coloured pencils
die Buntstifte

**Mia wants coloured
pencils for her birthday.**
Mia möchte Buntstifte
zum Geburtstag.

colourful
bunt

**The Easter eggs
are very colourful.**
Die Ostereier sind
schön bunt.

to colour in
anmalen,
ausmalen

**Mia is colouring in
the pictures in her
colouring book.**
Mia malt die Bilder in
ihrem Malbuch aus.

comb
der Kamm

**Grandad can't
find his comb.**
Opa kann seinen
Kamm nicht finden.

to come
kommen

**Wait for me!
I'm coming!**
Warte auf mich!
Ich komme!

C

to come from
kommen aus

**This tea comes
from China.**
Dieser Tee kommt
aus China.

Come on!
Auf! / Komm(t)
schon!

**Come on! It's time
to go.**
Komm schon! Es ist
Zeit zu gehen.

to come out
herauskommen

**Kitty won't come out
of the wardrobe.**
Kitty kommt nicht aus
dem Kleiderschrank
heraus.

comfortable
bequem

**These shoes don't look
very comfortable.**
Diese Schuhe sehen
nicht sehr bequem aus.

comic
der Comic,
das Comicheft

Ben has a lot of comics.
Ben hat viele Comics.

to compare
vergleichen

**We are comparing
our pictures.**
Wir vergleichen
unsere Bilder.

39

compass (pair of compasses)
der Zirkel

The compass made a hole in my pencil case!
Der Zirkel hat ein Loch in mein Mäppchen gemacht!

to complete
vervollständigen

Please complete the worksheet.
Bitte vervollständigt das Arbeitsblatt.

computer
der Computer

The computer is in the study.
Der Computer ist im Arbeitszimmer.

C

computer club
die Computer-AG

Do you want to come to computer club?
Willst du in die Computer-AG mitkommen?

computer game
das Computerspiel

Ben and Henry like to play computer games.
Ben und Henry spielen gerne Computerspiele.

to concentrate
sich konzentrieren

Try to concentrate on your work.
Versucht, euch auf eure Arbeit zu konzentrieren.

content
der Inhalt

The content of this book is funny.
Der Inhalt dieses Buchs ist lustig.

to cook
kochen

Dad is cooking spaghetti with tomato sauce.
Papa kocht Spaghetti mit Tomatensoße.

cooker
der Herd

There is a pot on the cooker.
Ein Topf steht auf dem Herd.

cool
cool

Carl has got cool sunglasses.
Carl hat eine coole Sonnenbrille.

to copy
kopieren

This picture looks funny. Can I copy it?
Dieses Bild sieht lustig aus. Kann ich es kopieren?

corn
der Mais

You can make popcorn out of corn.
Aus Mais kann man Popcorn machen.

corner
die Ecke

**There is a kiosk
on the corner.**
An der Ecke gibt
es einen Kiosk.

cornflakes
die Cornflakes

**Ben puts lots of milk
on his cornflakes.**
Ben macht viel Milch
auf seine Cornflakes.

correct
richtig

Your answer is correct!
Deine Antwort ist
richtig!

costume
das Kostüm,
die Verkleidung

**Mum, where's my
Superman costume?**
Mama, wo ist mein
Superman-Kostüm?

cottage
das Landhaus

**Grandma wants to
live in a cottage.**
Oma möchte in einem
Landhaus wohnen.

cough
der Husten

Henry has a cough.
Henry hat Husten.

to count
zählen

**My little brother
can count to ten.**
Mein kleiner Bruder
kann bis zehn zählen.

country
das Land

**Luxembourg is
a small country.**
Luxemburg ist ein
kleines Land.

countryside
die Landschaft

**Aunt Lilly is
painting a picture
of the countryside.**
Tante Lilly malt eine
Landschaft.

cousin
der Cousin,
die Cousine

**Tim and Mia are Ben's
and Lisa's cousins.**
Tim und Mia sind
Bens und Lisas Cousin
und Cousine.

to cover
bedecken

**The snow covers
our garden.**
Der Schnee bedeckt
unseren Garten.

cow
die Kuh

**The cow is black
and white.**
Die Kuh ist schwarz
und weiß.

41

cowboy
der Cowboy

**Cowboys wear boots
and cowboy hats.**
Cowboys tragen Stiefel
und Cowboyhüte.

to crack
einreißen, brechen

The mirror is cracked!
Der Spiegel ist
gebrochen!

cracker
der Knallbonbon

**There are sweets
and jokes inside the
cracker.**
Es gibt Süßigkeiten und
Witze im Knallbonbon.

to crackle
knistern

**The wood crackles
in the fire.**
Das Holz knistert
im Feuer.

Crafts
der Werk-
unterricht

**Henry made a
plane in Crafts.**
Henry hat im
Werkunterricht ein
Flugzeug gemacht.

to crawl
krabbeln

**The baby is crawling
in the sand.**
Das Baby krabbelt
im Sand.

cream
die Sahne

**Please, give
me the cream!**
Gibst du mir bitte
die Sahne!

**to cream,
to apply cream**
eincremen

**I cream my body with
coconut cream.**
Ich creme meinen
Körper mit Kokosnuss-
creme ein.

cricket
das Kricket(spiel)

**British children play
cricket at school.**
Britische Kinder spielen
Kricket in der Schule.

crisps
die Kartoffelchips

**Aunt Lilly likes to
eat crisps.**
Tante Lilly isst gerne
Kartoffelchips.

to croak
quaken

**The frog is croaking
in the pond.**
Der Frosch quakt
im Teich.

crocodile
das Krokodil

**The crocodile is
enjoying the sun.**
Das Krokodil genießt
die Sonne.

C

to cross
überqueren

**Tim is crossing
the street.**
Tim überquert
die Straße.

cross
das Kreuz

**There is a cross
on the church tower.**
Auf dem Kirchturm ist
ein Kreuz.

crossing
die Kreuzung

**There was an accident
at the crossing.**
An der Kreuzung ist
ein Unfall passiert.

crossword puzzle
das Kreuzwort-
rätsel

**Grandma is doing
a crossword puzzle.**
Oma löst ein Kreuz-
worträtsel.

crow
die Krähe

**The crow is sitting
on the crane.**
Die Krähe sitzt
auf dem Kran.

crown
die Krone

**The queen is wearing
a crown.**
Die Königin trägt eine
Krone.

C

cruel
grausam

**Be nice to animals!
Don't be cruel!**
Sei nett zu Tieren!
Sei nicht grausam!

crumble
die Streusel; der
Streuselkuchen

**Sprinkle the crumble
over the apples.**
Bestreue die Äpfel
mit Streuseln.

crunchy
knusprig

**This muesli is
very crunchy.**
Dieses Müsli ist
sehr knusprig.

to cry
weinen

**Tim is crying because
he fell down.**
Tim weint, weil er
hingefallen ist.

cube
der Würfel

**Put the cubes of cheese
on the plate, please.**
Tu die Käsewürfel bitte
auf den Teller.

cucumber
die Gurke

**We need two cucum-
bers for the salad.**
Wir brauchen zwei
Gurken für den Salat.

cup
die Tasse

**Grandma is drinking
a cup of tea.**
Oma trinkt eine
Tasse Tee.

cupboard
der Schrank

**The cups are in
the cupboard.**
Die Tassen sind
im Schrank.

a cup of ...
eine Tasse ...

**Would you like
a cup of tea?**
Möchtest du
eine Tasse Tee?

C

curly
lockig

Susie has curly hair.
Susie hat lockige Haare.

curtain
der Vorhang

**The curtains are
opening!**
Der Vorhang geht auf!

customer
der Kunde,
die Kundin

**The customer is buying
a kilogramme of
cherries.**
Die Kundin kauft ein
Kilo Kirschen.

to cut
schneiden

**The hairdresser is
cutting Tim's hair.**
Der Friseur schneidet
Tim die Haare.

cute
niedlich

Baby chicks. How cute!
Kleine Küken. Wie
niedlich!

to cut (out)
(aus)schneiden

**Mia is cutting out
pictures from Mum's
magazine.**
Mia schneidet Bilder aus
Mamas Zeitschrift aus.

to cycle
Rad fahren, radeln

Lisa is cycling to school.
Lisa fährt mit dem Rad
zur Schule.

cyclist
der Fahrradfahrer,
die Fahrradfahrerin

**The cyclist is riding in
the middle of the street.**
Der Fahrradfahrer fährt
mitten auf der Straße.

Czech Republic
die Tschechische
Republik

**My best friend
comes from the
Czech Republic.**
Mein bester Freund
kommt aus der
Tschechischen Republik.

dad
der Papa

Dad is grinning.
Papa grinst.

daffodils
die Osterglocken

The yellow daffodils bloom in spring.
Im Frühling blühen die gelben Osterglocken.

daisy
das Gänse-
blümchen

Daisies are small but beautiful flowers.
Gänseblümchen sind kleine, aber schöne Blumen.

to dance
tanzen

We like to dance to pop music.
Wir tanzen gern zu Popmusik.

dance
der Tanz

Can you teach me the dance?
Kannst du mir den Tanz beibringen?

dance club
die Tanz-AG

Please come with me to dance club.
Bitte komm mit mir in die Tanz-AG.

D

dancing
das Tanzen

Grandad likes dancing with Grandma.
Opa tanzt gerne mit Oma.

danger
die Gefahr

That sign means danger.
Dieses Schild bedeutet Gefahr.

dangerous
gefährlich

The big road is dangerous for frogs.
Die große Straße ist gefährlich für Frösche.

dark
dunkel

Here comes a dark cloud.
Da kommt eine dunkle Wolke.

date
die Verabredung

Aunt Lilly has a date with her boyfriend.
Tante Lilly ist mit ihrem Freund verabredet.

daughter
die Tochter

Mum is Grandma's daughter.
Mama ist Omas Tochter.

day
der Tag

The 1st of January is the first day of the year.
Der 1. Januar ist der erste Tag im Jahr.

days of the week
die Wochentage

Do you know the days of the week in English?
Kennst du die Wochentage auf Englisch?

dear
liebe, lieber

Dear Susie, please come to my party!
Liebe Susie, bitte komm zu meiner Party!

December
der Dezember

We celebrate Christmas in December.
Im Dezember feiern wir Weihnachten.

deckchair
der Liegestuhl

Kitty is asleep in the deckchair.
Kitty schläft im Liegestuhl.

to decorate
schmücken

Mum is decorating the table.
Mama schmückt den Tisch.

D

deep
tief

The water is very deep.
Das Wasser ist sehr tief.

deer
das Reh

If you stay very quiet you might see a deer.
Wenn du ganz leise bleibst, siehst du vielleicht ein Reh.

delicious
köstlich

Grandad's hot chocolate is delicious.
Opas heiße Schokolade ist köstlich.

Denmark
Dänemark

Our building blocks come from Denmark.
Unsere Bausteine kommen aus Dänemark.

dentist
der Zahnarzt, die Zahnärztin

The dentist is checking Mia's teeth.
Der Zahnarzt untersucht Mias Zähne.

to describe
beschreiben

Can you describe the man?
Kannst du den Mann beschreiben?

desert
die Wüste

The desert is hot and dry.
Die Wüste ist heiß und trocken.

desk
der Schreibtisch

The laptop is on the desk.
Der Laptop steht auf dem Schreibtisch.

dessert
die Nachspeise

My favourite dessert is chocolate pudding.
Meine Lieblings-nachspeise ist Schoko-ladenpudding.

detail
das Detail

There are lots of nice details in this painting.
In diesem Bild sind viele schöne Details.

detective
der Detektiv,
die Detektivin

The detective is looking for clues.
Der Detektiv sucht nach Hinweisen.

detective stories
die Kriminal-geschichten

Mum likes to read detective stories.
Mama liest gerne Kriminalgeschichten.

D

dialogue
der Dialog

Read the dialogue on page 17.
Lies den Dialog auf Seite 17.

diary
das Tagebuch

My diary has a key.
Mein Tagebuch hat einen Schlüssel.

dice
die Würfel

The dice show a six.
Die Würfel zeigen eine Sechs.

dictionary
das Lexikon,
das Wörterbuch

Ben needs a dictionary for English.
Ben braucht in Englisch ein Wörterbuch.

to die
sterben

Water the plants, then they won't die.
Gieß die Pflanzen, dann sterben sie nicht.

difference
der Unterschied

Find the differences in the two pictures.
Finde die Unterschiede in den zwei Bildern.

different
unterschiedlich

The cars look the same, but are different colours.
Die Autos sehen gleich aus, haben aber unterschiedliche Farben.

difficult
schwierig

Some words are difficult.
Manche Wörter sind schwierig.

to dig
graben

The mole is digging a tunnel.
Der Maulwurf gräbt einen Tunnel.

dining room
das Esszimmer

We eat breakfast in the dining room.
Wir frühstücken im Esszimmer.

dinner
das Abendessen

The whole family meets for dinner.
Zum Abendessen trifft sich die ganze Familie.

dinosaur
der Dinosaurier

Tim's cuddly toy is a dinosaur.
Tims Kuscheltier ist ein Dinosaurier.

dirty
schmutzig, dreckig

Henry has dirty feet.
Henry hat schmutzige Füße.

discovery
die Entdeckung

The boys have made an exciting discovery.
Die Jungs haben eine aufregende Entdeckung gemacht.

dish
die Schüssel

The dish is for the salad.
Die Schüssel ist für den Salat.

D

dishes
das Geschirr

Could you please put your dishes away?
Kannst du bitte dein Geschirr wegstellen?

dishwasher
der Geschirrspüler

Can you empty the dishwasher, please?
Kannst du bitte den Geschirrspüler ausräumen?

to dive
tauchen

Grandad loves diving in the sea.
Opa mag es, im Meer zu tauchen.

to dive head first
einen Kopfsprung machen

Ben dives head first.
Ben macht einen Kopfsprung.

diving goggles
die Taucherbrille

Grandad dives with diving goggles.
Opa taucht mit der Taucherbrille.

to do
tun, machen

I'm doing my homework.
Ich mache meine Hausaufgaben.

doctor
der Arzt, die Ärztin

The doctor is bandaging the foot.
Die Ärztin macht ein Verband um den Fuß.

dog
der Hund

Sam is Ben's and Lisa's dog.
Sam ist Bens und Lisas Hund.

dog food
das Hundefutter

Sam eats dog food from his bowl.
Sam frisst Hundefutter aus seinem Napf.

D

dog owner
der Hundebesitzer, die Hundebesitzerin

Dog owners must keep their dogs on a lead.
Hundebesitzer müssen ihre Hunde an der Leine halten.

doll
die Puppe

Mia is washing her doll.
Mia wäscht ihre Puppe.

dollar ($)
der Dollar

You need dollars in America, not pounds.
Man braucht Dollars in Amerika, keine Pfund.

dolphin
der Delfin

The dolphin is jumping out of the water.
Der Delfin springt aus dem Wasser.

donkey
der Esel

A donkey is smaller than a horse and has longer ears.
Ein Esel ist kleiner als ein Pferd und hat längere Ohren.

door
die Tür

The door is open.
Die Tür ist offen.

double-decker bus
der Doppeldecker-bus

What colour is the double-decker bus?
Welche Farbe hat der Doppeldeckerbus?

down
hinunter

Grandad is walking down the stairs.
Opa geht die Treppe hinunter.

downstairs
unten

Sam is waiting downstairs.
Sam wartet unten.

dragon
der Drache

The dragon is breathing fire.
Der Drache spuckt Feuer.

drama club
die Theater-AG, die Schauspiel-AG

Mia and Lisa are in drama club.
Mia und Lisa sind in der Theater-AG.

to draw
zeichnen, malen

Lisa and Susie like to draw pictures together.
Lisa und Susie malen gerne zusammen Bilder.

D

to dream
träumen

Mia is dreaming about the holidays.
Mia träumt von den Ferien.

his dream is about
sein Traum handelt von

His dream is about giants.
Sein Traum handelt von Riesen.

to dress
(sich) anziehen

Wait a moment. I'm just getting dressed.
Moment, ich ziehe mich gerade an.

dress
das Kleid

The dress has red dots.
Das Kleid hat rote Punkte.

to dress up
sich verkleiden

Aunt Lilly is dressing up as a witch.
Tante Lilly verkleidet sich als Hexe.

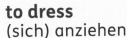

to dribble
dribbeln

Tim is trying to dribble the basketball.
Tim versucht, mit dem Basketball zu dribbeln.

drink
das Getränk

**Fingers off! Wine is
a drink for adults.**
Finger weg! Wein ist ein
Getränk für Erwachsene.

to drink
trinken

**Children should drink
a lot of water.**
Kinder sollten viel
Wasser trinken.

to drive
fahren

**The taxi driver is
driving us to the
airport.**
Der Taxifahrer fährt
uns zum Flughafen.

to drop
fallen lassen

Ben dropped the cup.
Ben hat die Tasse fallen
lassen.

drum
die Trommel

Tim is playing the drum.
Tim spielt die Trommel.

dry
trocken

The clothes are dry.
Die Kleider sind trocken.

to dry
trocknen

**Lisa uses a hair dryer
to dry her hair.**
Lisa benutzt einen Föhn,
um ihre Haare zu
trocknen.

duck
die Ente

**The duck is landing
in the pond.**
Die Ente landet
im Teich.

during
während

**My grandparents
never watch TV
during the day.**
Meine Großeltern sehen
tagsüber nie fern.

dust
der Staub

**There's a layer of
dust on the books.**
Da ist eine Staubschicht
auf den Büchern.

duster
das Staubtuch

**Shake the duster
outside, not inside.**
Schüttel das Staubtuch
draußen aus, nicht
drinnen.

dwarf, Plural:
dwarfs/dwarves
der Zwerg,
die Zwergin,
Plural: die Zwerge

How tall is the dwarf?
Wie groß ist der Zwerg?

D

each
jeweils, jeder

Mia painted three pictures, one each for Mum, Aunt Lilly, and Grandma.
Mia hat drei Bilder gemalt, jeweils eines für Mama, für Tante Lilly und für Oma.

ear
das Ohr

The Easter Bunny has very long ears.
Der Osterhase hat sehr lange Ohren.

earache
die Ohren-schmerzen

Grandmother's ear hurts. She has an earache.
Omas Ohr tut weh. Sie hat Ohrenschmerzen.

early
früh

The rooster crows early in the morning.
Der Hahn kräht früh am Morgen.

Earth
die Erde

The Earth is our planet.
Die Erde ist unser Planet.

Easter
Ostern

We don't go to school at Easter.
Wir gehen zu Ostern nicht in die Schule.

Easter bunny
der Osterhase

The Easter bunny comes at Easter.
Ostern kommt der Osterhase.

Easter card
die Osterkarte

Ben's making an Easter card.
Ben macht eine Osterkarte.

Easter egg
das Osterei

The Easter eggs are in a nest.
Die Ostereier sind in einem Nest.

Easter Sunday
der Ostersonntag

The Easter bunny comes on Easter Sunday.
Der Osterhase kommt am Ostersonntag.

easy
einfach, leicht

This is an easy exercise.
Das ist eine leichte Aufgabe.

to eat
essen

The baby is eating with its hands.
Das Baby isst mit seinen Händen.

egg
das Ei

We paint the eggs bright colours for Easter.
Zu Ostern malen wir die Eier bunt an.

egg rolling
das Eierrollen

Some children go egg rolling at Easter.
Manche Kinder spielen an Ostern Eierrollen.

8

eight
acht

18

eighteen
achtzehn

80

eighty
achtzig

elbow
der Ellenbogen

There is a blue bruise on my elbow.
An meinem Ellenbogen ist ein blauer Fleck.

elephant
der Elefant

The elephant has a long trunk.
Der Elefant hat einen langen Rüssel.

11

eleven
elf

else
andere, anderer, anderes

There is nobody else here.
Es ist niemand anderes da.

E

emergency vehicle
das Einsatzfahrzeug, das Rettungsfahrzeug

A fire engine is an emergency vehicle.
Ein Feuerwehrauto ist ein Rettungsfahrzeug.

emperor penguin
der Kaiserpinguin

The emperor penguin is the tallest penguin.
Der Kaiserpinguin ist der größte Pinguin.

empty
leer

The bottle is empty.
Die Flasche ist leer.

to end
(be)enden,
aufhören

**The concert ends
at seven o'clock.**
Das Konzert endet
um 19 Uhr.

endangered
bedroht

**The panda is an
endangered animal.**
Der Pandabär ist eine
bedrohte Tierart.

enemy
der Feind,
die Feindin

**You are not my friend,
you are my enemy!**
Du bist nicht mein
Freund, du bist mein
Feind!

England
England

**Is Mrs Elling from
England?**
Kommt Frau Elling
aus England?

English
Englisch, der
Englischunterricht

**We have English
after the break.**
Nach der Pause
haben wir Englisch.

to enjoy
genießen

**Aunt Lilly is
enjoying the sun.**
Tante Lilly genießt
die Sonne.

E

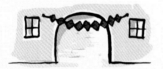

entrance
der Eingang

**The entrance is decora-
ted with a garland.**
Der Eingang ist mit
einer Girlande ge-
schmückt.

escape
flüchten

**Quick! We can escape
through the window.**
Schnell! Wir können
durch das Fenster
flüchten.

euro (€)
der Euro

**You cannot pay with
euros in the USA.**
In den USA kann
man nicht mit Euros
bezahlen.

evening
der Abend

**The moon shines
in the evening.**
Am Abend scheint
der Mond.

ever
jemals, schon

**Have you ever
been there?**
Warst du schon
einmal dort?

every
jede, jeder, jedes

We drink tea every day.
Wir trinken jeden Tag
Tee.

everything
alles

**Aunt Lilly is buying
everything for our
picnic.**
Tante Lilly kauft alles
für unser Picknick.

everywhere
überall

**There are mosquitos
everywhere!**
Überall sind Mücken!

excellent
hervorragend,
ausgezeichnet

**You got all the questi-
ons right! Excellent!**
Du hast alle Fragen
richtig! Hervorragend!

excited
aufgeregt,
begeistert

**It's the first day of
school and Lisa is
excited.**
Heute ist der erste
Schultag und Lisa
ist aufgeregt.

exciting
aufregend,
spannend

The race was exciting.
Das Rennen war
spannend.

Excuse me!
Entschuldigung!

**I just burped!
Excuse me!**
Ich habe gerade
gerülpst!
Entschuldigung!

exercise
die Aufgabe

**That is a difficult
exercise!**
Das ist eine
schwere Aufgabe!

exercise book
das Heft

**Please show me your
exercise book.**
Bitte zeig mir dein Heft.

expensive
teuer

**The ruby ring is
very expensive.**
Der Rubinring ist
sehr teuer.

experiment
das Experiment

**Oh, I think the experi-
ment went wrong.**
Oh, ich glaube, das
Experiment ist schief
gelaufen.

to explain
erklären

Please, explain it to me.
Bitte erkläre es mir.

eye
das Auge

**The cat has got
green eyes.**
Die Katze hat
grüne Augen.

E

fables
die Fabeln

Lisa likes to read stories and fables.
Lisa liest gerne Geschichten und Fabeln.

face
das Gesicht

Ben is drawing a face.
Ben malt ein Gesicht.

fact file
der Steckbrief

Complete the fact file for your friend.
Vervollständige den Steckbrief für deinen Freund.

F

fair
fair, gerecht

Hey! That's not fair!
Hey! Das ist nicht fair!

fairy
die Fee

The fairy waves her magic wand.
Die Fee schwingt ihren Zauberstab.

fairy tale
das Märchen

There are good and bad fairies in fairy tales.
In Märchen gibt es gute und böse Feen.

to fall
fallen

Apples fall from the tree when they are ripe.
Äpfel fallen vom Baum, wenn sie reif sind.

to fall asleep
einschlafen

Lucy always falls asleep in the car.
Lucy schläft immer im Auto ein.

to fall down
hinfallen

Tim is falling down backwards.
Tim fällt rücklings hin.

false
falsch

4 + 5 = 7. That's false.
4 + 5 = 7. Das ist falsch.

family
die Familie

Ben is introducing his family to his teacher.
Ben stellt seine Familie seinem Lehrer vor.

famous
berühmt

Winnetou is a famous man.
Winnetou ist ein berühmter Mann.

F

fantastic
fantastisch, toll

The film was fantastic!
Der Film war
fantastisch!

far
weit

**How far can you
throw the stick?**
Wie weit kannst
du den Stock werfen?

farm
der Bauernhof

**Henry's grandparents
have a farm.**
Henrys Großeltern
haben einen Bauernhof.

farm animal
das Bauernhoftier

**Cows and sheep
are farm animals.**
Kühe und Schafe
sind Bauernhoftiere.

farmer
der Bauer,
die Bäuerin

**Henry's grandma and
grandad are farmers.**
Henrys Oma und Opa
sind Bauern.

farmers' market
der Bauernmarkt,
der Wochenmarkt

**Mum buys vegetables
at the farmers' market.**
Mama kauft Gemüse auf
dem Wochenmarkt.

farmer's wife
die Bäuerin

**The farmer's wife
is talking to Daisy
the cow.**
Die Bäuerin spricht
mit der Kuh Daisy.

farmhouse
das Bauernhaus

**The farmhouse is at
the end of the road.**
Das Bauernhaus steht
am Ende der Straße.

fashion store
das Modegeschäft

**Mum works in a fashion
store on Saturdays.**
Mama arbeitet samstags
in einem Modegeschäft.

fast
schnell

**The car is going
too fast.**
Das Auto fährt
zu schnell.

fast food
das Fast Food

**Hamburgers and
chips are fast food.**
Hamburger und
Pommes sind Fast Food.

fat
dick

That's a fat animal.
Das ist ein dickes Tier.

father
der Vater

Grandad is Dad's father.
Opa ist Papas Vater.

Father Christmas
der Weihnachts-
mann

Father Christmas is called Santa Claus in the USA.
In den USA wird der Weihnachtsmann Santa Claus genannt.

favourite
der Liebling,
Lieblings-

My favourite dress is pink.
Mein Lieblingskleid ist pink.

F

feather
die Feder

The bird is cleaning its feathers.
Der Vogel putzt seine Federn.

February
der Februar

February is the second month of the year.
Der Februar ist der zweite Monat im Jahr.

to feed
füttern

The birds are feeding their chicks.
Die Vögel füttern ihre Jungen.

to feel
fühlen

The cat feels comfortable.
Die Katze fühlt sich wohl.

feeling
das Gefühl

Happiness is a great feeling.
Glück ist ein schönes Gefühl.

to feel well
(sich) wohl fühlen

I don't feel very well today.
Ich fühle mich heute nicht so wohl.

feet
die Füße

Babies have small feet and tiny toes.
Babys haben kleine Füße und winzige Zehen.

**felt-tip,
Langform:
felt-tip pen**
der Filzstift

Have you got a red felt-tip pen?
Hast du einen roten Filzstift?

female
weiblich

Kitty is a female cat.
Kitty ist eine weibliche Katze.

F

fence
der Zaun

There are two chickens on the fence.
Zwei Hühner sitzen auf dem Zaun.

Ferris wheel
das Riesenrad

We can see our house from the Ferris Wheel.
Wir können unser Haus vom Riesenrad aus sehen.

festival
das Fest;
das Festival

We are planning a street festival.
Wir planen ein Straßenfest.

fever
das Fieber

Ben has got a fever.
Ben hat Fieber.

a few
einige

Lisa is collecting a few sea shells.
Lisa sammelt einige Muscheln.

field
das Feld

The tractor is going into the field.
Der Traktor fährt auf das Feld.

15

fifteen
fünfzehn

50

fifty
fünfzig

fight
der Kampf

Did you see the fight at school today?
Hast du heute den Kampf in der Schule gesehen?

to fight
kämpfen,
bekämpfen

The teacher told the boys not to fight.
Der Lehrer rüffelte die Jungs, nicht zu kämpfen.

to fill
füllen

Mum is filling the glass with milk.
Mama füllt das Glas mit Milch.

to fill in
ausfüllen,
einfüllen

Fill in the gaps on the worksheet.
Fülle die Lücken im Arbeitsblatt aus.

F

filling
die Füllung

The dentist says that Tim needs another filling.
Der Zahnarzt sagt, dass Tim noch eine Füllung braucht.

film
der Film

That was a good film!
Das war ein guter Film!

to find
finden

I can't find my pen.
Ich kann meinen Stift nicht finden.

to find out
herausfinden

Can you find out what a ticket costs?
Kannst du herausfinden, wie viel ein Ticket kostet?

fine
gut

How are you? I'm fine, thanks.
Wie geht es dir? Mir geht es gut, danke!

finger
der Finger

My finger is bleeding!
Mein Finger blutet!

to finish
beenden

The game is finished!
Das Spiel ist zu Ende!

fire
das Feuer

Let's grill sausages on the fire.
Lasst uns Würstchen am Feuer grillen.

to be on fire
brennen

The bin is on fire!
Der Mülleimer brennt!

fire engine
das Feuerwehrauto

The fire engine is coming round the corner.
Das Feuerwehrauto kommt um die Ecke.

firefighter
der Feuerwehr-
mann,
die Feuerwehrfrau

A firefighter wears special boots.
Ein Feuerwehrmann trägt besondere Stiefel.

fireplace
der Kamin

It's warm in front of the fireplace.
Am Kamin ist es schön warm.

F

fireworks
das Feuerwerk

There are fireworks in Germany on December 31st.
Am 31. Dezember gibt es in Deutschland ein Feuerwerk.

fire station
die Feuerwache

There's a fire station at the end of my road.
Eine Feuerwache ist am Ende meiner Straße.

firewood
das Brennholz

Dad is chopping firewood with Carl.
Papa hackt Brennholz mit Carl.

first
erste

Our first lesson is PE (Physical Education).
In der ersten Stunde haben wir Sport.

first day of school
der erste Schultag

Tomorrow is the first day of school.
Morgen ist der erste Schultag.

fish
der Fisch

The fish has a big mouth.
Der Fisch hat ein großes Maul.

to fish
angeln, fischen

Grandad is fishing an old shoe out of the water.
Opa fischt einen alten Schuh aus dem Wasser.

fish and chips
Fisch mit Pommes frites

Can we have fish and chips, please?
Können wir bitte Fisch mit Pommes frites haben?

fish and chip shop
der Fischimbiss

Look, there's a fish and chip shop!
Schau mal, da ist ein Fischimbiss!

fish fingers
die Fischstäbchen

Ben had six fish fingers for lunch.
Ben hatte sechs Fischstäbchen zum Mittagessen.

fishing
das Angeln

Fishing is not Mum's idea of fun.
Das Angeln macht Mama keinen Spaß.

to fit
passen

The T-shirt doesn't fit.
Das T-Shirt passt nicht.

5

five
fünf

flag
die Fahne,
die Flagge

That is the British flag.
Das ist die britische
Flagge.

to flap
flattern

**Flap your wings,
bird, and fly away.**
Flatter mit deinen
Flügeln, Vogel, und
flieg weg.

F

**flash
(of lightning)**
der Blitz

**Wow! Did you see
this fantastic flash?**
Wow! Hast du diesen
fantastischen Blitz
gesehen?

flat
die Wohnung

The flat is for rent.
Die Wohnung ist zu
vermieten.

flight
der Flug

**Dad's flight leaves
at half past six.**
Papas Flug geht
um halb sieben.

flippers
die Flossen

**Oh no! My flippers just
fell into the sea.**
Oh nein! Meine Flossen
sind gerade ins Meer
gefallen.

floor
der Boden,
der Fußboden

**Dad is scrubbing
the floor.**
Papa wischt
den Fußboden.

floor
das Stockwerk

**The block of flats
has twelve floors.**
Das Appartmenthaus
hat zwölf Stockwerke.

floppy
schlapp, schlaff

**Sam has long
floppy ears.**
Sam hat lange,
schlaffe Ohren.

flour
das Mehl

**We need 300 g
of flour for the cake.**
Wir brauchen 300 g
Mehl für den Kuchen.

flower
die Blume

**Flowers make
Mum happy.**
Blumen machen
Mama glücklich.

F

flute
die Querflöte

Dad plays the flute.
Papa spielt Querflöte.

to fly
fliegen

**I wish I could
fly like a bird.**
Ich wünschte, ich
könnte wie ein
Vogel fliegen.

fly
die Fliege

The fly is very annoying.
Die Fliege geht mir sehr
auf die Nerven.

flyer
der Flyer,
der Werbezettel

**This is a flyer for
the new café in town.**
Das ist ein Flyer über
das neue Café in der
Stadt.

foal
das Fohlen

**The foal has very
long thin legs.**
Das Fohlen hat sehr
lange, dünne Beine.

fog
der Nebel

**Dad drives carefully
in the fog.**
Bei Nebel fährt
Papa vorsichtig.

foggy
neblig

**I can't see anything!
It's so foggy!**
Ich kann nichts sehen!
Es ist so neblig!

to fold
falten

Fold the paper in half.
Falte das Papier in der
Mitte.

folder
der Ordner

**Put the papers into
your folder, please.**
Legt die Papiere bitte
in euren Ordner.

to follow
folgen

Follow me, it's this way!
Folge mir, es ist hier
entlang!

food
die Lebensmittel

**Grandma buys food
at the supermarket.**
Oma kauft die Lebens-
mittel im Supermarkt.

foot
der Fuß

**A mosquito is
biting Ben's foot.**
Eine Mücke sticht
in Bens Fuß.

football
der Fußball

**Ben und Henry like
to play football.**
Ben und Henry spielen
gerne Fußball.

football boots
die Fußballschuhe

**Ben's football boots
are black and red.**
Bens Fußballschuhe
sind schwarz und rot.

football club
die Fußball-AG;
der Fußballverein

**What is your
football club called?**
Wie heißt dein Fußball-
verein?

F

football player
der Fußballspieler,
die Fußballspielerin

**The football players
need a football.**
Die Fußballspieler
brauchen einen Fußball.

for
für

The present is for Mia.
Das Geschenk ist für
Mia.

forest
der Wald

**There are mushrooms
in the forest.**
Im Wald gibt es Pilze.

forever
für immer

**I will be your
friend forever.**
Ich werde für immer
dein Freund sein.

for free
umsonst,
kostenlos

**You can't take that.
It's not for free.**
Das kannst du nicht
nehmen. Das ist nicht
umsonst.

to forget
vergessen

**I've forgotten
my homework.**
Ich habe meine Haus-
aufgaben vergessen.

forgetful
vergesslich

**Uncle Albert is
sometimes forgetful.**
Onkel Albert ist
manchmal vergesslich.

fork
die Gabel

I eat chips with a fork.
Ich esse Pommes mit
einer Gabel.

to form
bilden

**The bricks form the
shape of a castle.**
Die Bauklötze bilden die
Form eines Schlosses.

F

40
forty
vierzig

forwards
vorwärts

You have to drive forwards!
Du musst vorwärts fahren!

fountain
der Brunnen

The pigeons are bathing in the fountain.
Die Tauben baden im Brunnen.

4
four
vier

14
fourteen
vierzehn

fox
der Fuchs

The fox **has a beautiful bushy tail.**
Der Fuchs hat einen schönen buschigen Schwanz.

France
Frankreich

That is the flag of France.
Das ist die Flagge von Frankreich.

free
frei

Is this seat free?
Ist dieser Platz frei?

to freeze
einfrieren

In winter the countryside is frozen.
Im Winter friert die Landschaft ein.

fresh
frisch

We always eat fresh **fruit for dessert.**
Wir essen immer frisches Obst zum Nachtisch.

Friday
der Freitag

Friday is the last day of the school week.
Freitag ist der letzte Tag der Schulwoche.

fridge
der Kühlschrank

The milk is in the fridge.
Die Milch steht im Kühlschrank.

friend
der Freund,
die Freundin

**Susie is Lisa's
best friend.**
Susie ist Lisas
beste Freundin.

friendly
freundlich

**The woman at the
checkout is very
friendly.**
Die Frau an der Kasse
ist sehr freundlich.

friendship
die Freundschaft

**Ben and Henry have
a strong friendship.**
Ben und Henry haben
eine starke Freund-
schaft.

F

friendship book
das Freund-
schaftsbuch

**Please write something
in my friendship book.**
Bitte schreibe etwas in
mein Freundschafts-
buch.

frisbee
das Frisbee

**Sam likes to catch
the frisbee.**
Sam fängt gerne
das Frisbee.

frog
der Frosch

**The frog wants to
catch the flies.**
Der Frosch möchte
die Fliegen fangen.

from
von

**The postcard is
from Uncle Albert.**
Die Postkarte ist von
Onkel Albert.

at the front
vorn(e)

**Lisa is at the front
of the photo.**
Lisa ist vorne im Bild.

front brake
die Vorderrad-
bremse

**Why doesn't the
front brake work?**
Wieso funktioniert die
Vorderradbremse nicht?

front light
das Vorderlicht

**Tim has got a big front
light on his bike.**
Tim hat ein großes
Vorderlicht an seinem
Rad.

front wheel
das Vorderrad

**The front wheel is
not straight.**
Das Vorderrad ist
nicht gerade.

frosty
frostig

**Brr, it's cold and
frosty this morning.**
Brr, heute Morgen ist
es kalt und frostig.

F

fruit
das Obst

Children should eat a lot of fruit.
Kinder sollten viel Obst essen.

fruit and vegetable market
der Obst- und Gemüsemarkt

Is there a fruit and vegetable market in your town?
Gibt es einen Obst- und Gemüsemarkt in eurer Stadt?

fruit salad
der Obstsalat

Aunt Lilly needs bananas for the fruit salad.
Tante Lilly braucht Bananen für den Obstsalat.

to fry
braten

We are frying sausages for dinner.
Wir braten Würstchen zum Abendessen.

full
voll

The glass is full.
Das Glas ist voll.

full moon
der Vollmond

Sam likes to howl at full moon.
Sam heult gerne den Vollmond an.

fun
der Spaß

It's fun to sleep in a tent.
Es macht Spaß, im Zelt zu schlafen.

It's fun!
Es macht Spaß!

I like playing tennis, it's fun!
Ich spiele gerne Tennis, es macht Spaß!

to have fun
Spaß haben

Tim has a lot of fun in the water.
Tim hat viel Spaß im Wasser.

funny
komisch, lustig

Dad is wearing a funny hat.
Papa hat einen lustigen Hut auf.

fur
das Fell

Kitty's fur is shiny.
Kittys Fell glänzt.

furniture
die Möbel

Sam, get off the furniture!
Sam, runter von den Möbeln!

game
das Spiel

**This is a game
for four players.**
Das ist ein Spiel
für vier Spieler.

gap
der Abstand,
die Lücke

**Write the correct
word in the gap.**
Schreibe das richtige
Wort in die Lücke.

garage
die Garage

The car is in the garage.
Das Auto steht in der
Garage.

garden
der Garten

**There are lots of
flowers in the garden.**
Es gibt viele Blumen im
Garten.

gardening club
die Garten-AG

**Grandma wants me to
go to gardening club.**
Oma möchte, dass ich
zur Garten-AG gehe.

gas planet
der gasförmige
Planet

**Jupiter and Saturn
are gas planets.**
Jupiter und Saturn sind
gasförmige Planeten.

gate
das Tor

The gate is locked.
Das Tor ist verschlossen.

gently
sanft

**Pick up the kittens
gently!**
Heb die Kätzchen sanft
auf!

Geography
die Erdkunde

**We are looking at a
map in Geography.**
In Erdkunde betrachten
wir eine Landkarte.

German
Deutsch

**We are learning a poem
in our German lesson.**
In Deutsch lernen wir
ein Gedicht.

to get
bekommen

**Ben gets his school
report today.**
Ben bekommt heute
sein Zeugnis.

to get on
einsteigen

**The children are getting
on the school bus.**
Die Kinder steigen in
den Schulbus ein.

G

to get out
aussteigen

We have to get out in front of the school.
Vor der Schule müssen wir aussteigen.

to get up
aufstehen

Lisa has to get up early.
Lisa muss früh aufstehen.

ghost
das Gespenst, der Geist

The little ghost comes at midnight.
Um Mitternacht kommt das kleine Gespenst.

G

ghost train
die Geisterbahn

I get scared when I ride on the ghost train.
In der Geisterbahn erschrecke ich mich.

giant
der Riese, die Riesin

This is where the giant lives.
Hier wohnt der Riese.

gingerbread
der Lebkuchen

My gingerbread man has only one leg.
Mein Lebkuchenmann hat nur ein Bein.

giraffe
die Giraffe

The giraffe has a long neck.
Die Giraffe hat einen langen Hals.

girl
das Mädchen

Many girls like the colour pink.
Viele Mädchen lieben die Farbe Pink.

to give
geben, schenken

Mia is giving Lisa a picture.
Mia gibt Lisa ein Bild.

to give back
zurückgeben

When are you giving back Dad's mobile?
Wann gibst du Papas Handy zurück?

glass
das Glas

A glass of lemonade, please!
Ein Glas Limonade bitte!

glasses
die Brille

Grandad wears glasses.
Opa trägt eine Brille.

a glass of ...
ein Glas ...

Can I have a glass of coke, please?
Kann ich bitte ein Glas Cola haben?

globe
der Globus

Can you find London on the globe?
Kannst du London auf dem Globus finden?

gloves
die Handschuhe

The goal keeper needs gloves.
Der Torwart braucht Handschuhe.

glue
der Klebstoff

We're sticking the pictures on with glue.
Wir befestigen die Bilder mit Klebstoff.

glue stick
der Klebestift

Can I use your glue stick, please?
Kann ich bitte deinen Klebestift benutzen?

to go
gehen

Shall we go to the cinema?
Wollen wir ins Kino gehen?

goal
das Fußballtor

The goalkeeper is standing in the goal.
Der Torwart steht im Fußballtor.

goal keeper
der Torwart

The goal keeper is catching the ball.
Der Torwart fängt den Ball.

goat
die Ziege

Goats can climb up mountains.
Ziegen können Berge hochklettern.

to go by ...
mit etwas fahren

Let's go by car, it's faster.
Lasst uns mit dem Auto fahren, das ist schneller.

God
Gott

Grandma talks to God every night.
Oma redet jede Nacht mit Gott.

goggles
die Schwimmbrille

Mum, I can't find my goggles.
Mama, ich kann meine Schwimmbrille nicht finden.

to go home
nach Hause gehen

**We go home at
half past three.**
Wir gehen um halb
vier nach Hause.

going to be
werden

**Henry's going
to be a pilot.**
Henry wird ein
Pilot werden.

gold
golden

**Grandma is wearing
a gold necklace.**
Oma trägt eine
goldene Kette.

G

Golden Time
die Freiarbeits-
stunde am
Freitagnachmittag

**My favoutite lesson is
the Golden Time.**
Meine Lieblingsunter-
richtsstunde ist die
Freiarbeitsstunde am
Freitagnachmittag.

goldfish
der Goldfisch

**What does the goldfish
think about all day?**
Worüber denkt der
Goldfisch den ganzen
Tag nach?

golf
das Golfspiel

**Dad is playing golf with
his friend, Jeremy.**
Papa spielt Golf mit
seinem Freund Jeremy.

good
gut

That's a good idea!
Das ist eine gute Idee!

goodbye
auf Wiedersehen

**Lucy, say goodbye
to Grandad.**
Lucy, sag Opa auf
Wiedersehen.

Good Friday
der Karfreitag

**We're going to church
on Good Friday.**
Wir gehen am Karfrei-
tag in die Kirche.

Good morning!
Guten Morgen!

Good morning, children!
Guten Morgen, Kinder!

to go on
weitermachen

Go on, Ben!
Mach weiter, Ben!

to go on holiday
in Urlaub fahren

**We're going on
holiday today.**
Wir fahren heute
in Urlaub.

goose
die Gans

Roast goose is a traditional German Christmas dinner.
Gänsebraten ist ein traditionelles Weihnachtsessen in Deutschland.

to go shopping
einkaufen gehen

Mum and Aunt Lilly like to go shopping.
Mama und Tante Lilly gehen gerne einkaufen.

to go straight on
geradeaus gehen

Go straight on, do not go left or right!
Geh geradeaus, geh nicht nach links oder rechts!

G

to go swimming
schwimmen gehen

Henry is going swimming this morning.
Henry geht heute Morgen schwimmen.

to go to bed
schlafen gehen, ins Bett gehen

Mum goes to bed at eleven o'clock.
Mama geht um elf Uhr ins Bett.

to go together
zusammenpassen

Mia's skirt and T-shirt go together.
Mias Rock und T-Shirt passen zusammen.

to go to school
in die Schule gehen

We go to school at half past eight.
Wir gehen um halb neun in die Schule.

to grab
greifen, ergreifen

The baby grabs Lisa's hair. Ouch!
Das Baby greift nach Lisas Haar. Aua!

grandfather, grandpa, grandad
der Großvater, der Opa

My grandad's name is Peter.
Mein Opa heißt Peter.

grandmother, grandma
die Großmutter, die Oma

My grandma's name is Ruth.
Meine Oma heißt Ruth.

grandparents
die Großeltern

I love my grandparents.
Ich liebe meine Großeltern.

granny
die Oma, die Omi

Granny is another name for grandma.
„Granny" ist ein anderer Name für Oma.

grapes
die Weintrauben

Some grapes are red, some grapes are green.
Manche Weintrauben sind rot, manche Weintrauben sind grün.

grass
das Gras

The rabbit is hiding in the grass.
Der Hase versteckt sich im Gras.

great
toll

You all played really well! That was great!
Ihr habt alle wirklich gut gespielt! Das war toll!

G

Great Britain
Großbritannien

This is a map of Great Britain.
Das ist eine Karte von Großbritannien.

green
grün

The peppers are green and red.
Die Paprikaschoten sind grün und rot.

grey
grau

Grandad has grey hair.
Opa hat graue Haare.

to grin
grinsen, lächeln

Dad is grinning.
Papa grinst.

to grind
knirschen

Dad, stop grinding your teeth!
Papa, hör auf, mit deinen Zähnen zu knirschen!

ground
der Boden

The baby is crawling on the ground.
Das Baby krabbelt auf dem Boden.

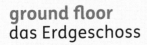

ground floor
das Erdgeschoss

The bathroom is on the ground floor.
Das Badezimmer ist im Erdgeschoss.

group
die Gruppe

Henry likes to work in a group.
Henry mag es, in einer Gruppe zu arbeiten.

to grow
wachsen

Tomatoes grow on vines.
Tomaten wachsen an Sträuchern.

guard
die Wache

**There are many guards
at Buckingham Palace.**
Es gibt viele Wachen im
Buckingham Palast.

to guess
(er)raten

**Can you guess how
old I am?**
Kannst du erraten,
wie alt ich bin?

guest
der Gast

**Mum is greeting
the guests.**
Mama begrüßt
die Gäste.

G

to guide
führen

**The young woman is
guiding us through
the exhibition.**
Die junge Frau führt uns
durch die Ausstellung.

guinea pig
das Meerschwein-
chen

**The guinea pig has
a brown nose.**
Das Meerschweinchen
hat eine braune Nase.

guitar
die Gitarre

**Ben plays his guitar
in the afternoon.**
Ben spielt am
Nachmittag Gitarre.

(chewing) gum
der Kaugummi

**Can I have a chewing
gum, please?**
Kann ich bitte einen
Kaugummi haben?

gunpowder
das Schießpulver

**Be careful! There's
gunpowder in there!**
Pass auf! Dort ist
Schießpulver drin!

guy
der Kerl

The singer is a cool guy.
Der Sänger ist ein cooler
Kerl.

Guy Fawkes Day
der Jahrestag des
„Gunpowder Plot"

**November 5th is Guy
Fawkes Day in England.**
Am 5. November ist der
Jahrestag des „Gunpow-
der Plot" in England.

gym
die Turnhalle

**We do sports in
the gym.**
Wir machen in der
Turnhalle Sport.

gymnastics
das Turnen

**We wear shorts and
T-shirts for gymnastics.**
Beim Turnen tragen
wir kurze Hosen und
T-Shirts.

habitat
der Lebensraum

The bear's normal habitat is the woods.
Der Wald ist der normale Lebensraum des Bären.

hair
das Haar

The nice hairdresser cuts my hair.
Der nette Friseur schneidet meine Haare.

hairbrush
die Haarbürste

Lisa is brushing her hair with her hairbrush.
Lisa kämmt sich die Haare mit ihrer Haarbürste.

H

hairdresser
der Friseur,
die Friseurin

Mum is at the hairdresser's.
Mama ist beim Friseur.

half past four
halb fünf

The film starts at half past four.
Der Film fängt um halb fünf an.

hall
der Flur

The children like running down the hall.
Die Kinder laufen gerne den Flur entlang.

Halloween
Halloween

We make jack-o'-lanterns for Halloween.
Zu Halloween machen wir Kürbislaternen.

ham
der Schinken

I would like a ham sandwich, please!
Ich möchte ein Sandwich mit Schinken, bitte!

hamburger
der Hamburger

Oh, my hamburger fell on the floor!
Oh, mein Hamburger ist auf den Boden gefallen!

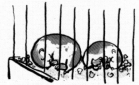

hammer
der Hammer

Dad is hitting the nail with a hammer.
Papa schlägt mit dem Hammer auf den Nagel.

hamster
der Hamster

The hamsters belong to Tim.
Die Hamster gehören Tim.

hand
die Hand

Each hand has five fingers.
Jede Hand hat fünf Finger.

handbag
die Handtasche

There is a mirror in the handbag.
In der Handtasche ist ein Spiegel.

to hang
hängen

The wash is hanging on the clothesline.
Die Wäsche hängt an der Leine.

to happen
geschehen, passieren

What happened here?
Was ist hier passiert?

happy
glücklich

Ben is happy because he won the game.
Ben ist glücklich, weil er das Spiel gewonnen hat.

Happy Birthday!
Alles Gute zum Geburtstag!

Happy Birthday, Grandma!
Alles Gute zum Geburtstag, Oma!

hard
hart, schwer

It was a hard game.
Es war ein schweres Spiel.

hat
der Hut

Dad is wearing a funny hat.
Papa hat einen lustigen Hut auf.

to hate
hassen

Lisa hates doing the washing up.
Lisa hasst es abzuwaschen.

haunted castle
das Spukschloss

I don't want to go to the haunted castle.
Ich will nicht zum Spukschloss gehen.

to have
haben

Grandad has an old telescope.
Opa hat ein altes Fernrohr.

have got
haben

We have got a dog and a cat.
Wir haben einen Hund und eine Katze.

**I've got/
I have got**
ich habe

I have got two sisters and a brother.
Ich habe zwei Schwestern und einen Bruder.

he
er

This is Aunt Becky's boyfriend. He's a pilot.
Das ist Tante Beckys Freund. Er ist Pilot.

head
der Kopf

Grandad's head hurts! He has a headache.
Opas Kopf tut weh! Er hat Kopfschmerzen.

headache
das Kopfweh, die Kopfschmerzen

Be quiet! Mum has got a headache.
Sei leise! Mama hat Kopfschmerzen.

headphones
der Kopfhörer

Ben is listening to music through his headphones.
Ben hört Musik über seine Kopfhörer.

healthy
gesund

Vegetables are healthy!
Gemüse ist gesund!

to hear
hören

I can hear music.
Ich kann Musik hören.

heart
das Herz

Lisa is making a heart out of flowers.
Lisa macht ein Herz aus Blumen.

heat
die Hitze

Phew, it's hot! This heat is unbearable!
Puh, ist das heiß! Diese Hitze ist unerträglich!

heavy
schwer

Ben's school bag is much too heavy.
Bens Schulranzen ist viel zu schwer.

hedgehog
der Igel

Hedgehogs have lots of pointy spines.
Igel haben viele spitze Stacheln.

helicopter
der Hubschrauber

The helicopter is landing on the hospital.
Der Hubschrauber landet auf dem Krankenhaus.

hell
die Hölle

Hell is the opposite of heaven.
Hölle ist der Gegensatz zum Himmel.

hello
hallo

Hello! How are you?
Hallo! Wie geht es dir?

helmet
der Helm

Wear your helmet when you ride your bike!
Setz deinen Helm auf, wenn du Fahrrad fährst!

to help
helfen

Lisa is helping Dad cook.
Lisa hilft Papa beim Kochen.

hen
die Henne

There are eight hens in the henhouse.
Im Hühnerstall sind acht Hennen.

her
ihr, ihre

Mia is tying back her hair.
Mia bindet sich ihre Haare zurück.

here
hier

I'll meet you here in an hour.
Ich treffe dich hier in einer Stunde.

H

here you are
bitte sehr

Here you are.
Here's your dinner.
Bitte sehr. Hier ist dein Abendessen.

hi
hallo, hi

Hi, my name is Ben.
Hi, mein Name ist Ben.

to hide
sich verstecken

The rabbit is hiding in the grass.
Der Hase versteckt sich im Gras.

hide-and-seek
das Versteckspiel

Shall we play hide-and-seek?
Wollen wir Verstecken spielen?

high
hoch

The Eiffel Tower is 324 metres high.
Der Eiffelturm ist 324 Meter hoch.

Highland Games
die Highland Games

The Highland Games take place in Scotland.
Die Highland Games finden in Schottland statt.

83

hiking
das Wandern

Hiking makes you fit and healthy.
Das Wandern macht dich fit und gesund.

hill
der Hügel

There are sheep grazing on the hill.
Auf dem Hügel weiden Schafe.

hippo
das Nilpferd, das Flusspferd

Hippos like to be in the water.
Nilpferde sind gerne im Wasser.

H

to hire a boat
ein Boot leihen

Carl wants to hire a boat on the lake.
Carl möchte am See ein Boot leihen.

his
sein, seine

Ben is putting on his new cap.
Ben setzt seine neue Kappe auf.

history
die Geschichte

We are learning about the Stone Age in our history lessons.
In Geschichte lernen wir etwas über die Steinzeit.

to hit
schlagen, stoßen

The ice hockey player hits the puck.
Der Eishockeyspieler schlägt den Puck.

hobby
das Hobby

Mum's hobby is dancing the tango.
Mamas Hobby ist Tango tanzen.

hockey
das Hockey

Do you prefer ice hockey or field hockey?
Magst du lieber Eishockey oder Feldhockey?

hole
das Loch

The ball is in the hole.
Der Ball ist in dem Loch.

holiday
der Urlaub, die Ferien

Holidays at the beach are great fun.
Ferien am Meer machen viel Spaß.

hollow
hohl

Tap tap, this tree sounds hollow.
Klopf klopf, dieser Baum hört sich hohl an.

at home
zu Hause

Lisa is already at home.
Lisa ist schon zu Hause.

home
das Zuhause

**Kitty knows where
her home is.**
Kitty weiß, wo ihr
Zuhause ist.

homemade
selbst gemacht

**Are these biscuits
homemade?**
Sind diese Kekse
selbst gemacht?

homework
die Hausaufgabe/n

The homework is easy.
Die Hausaufgabe ist
einfach.

to do homework
Hausaufgaben
machen

**Don't forget to do
your homework!**
Vergiss nicht, deine
Hausaufgaben
zu machen!

honey
der Honig

**I like honey on
toast for breakfast.**
Ich mag Toastbrot mit
Honig zum Frühstück.

to hop
hüpfen, hopsen

Can you hop on one leg?
Kannst du auf einem
Bein hüpfen?

to hope
hoffen

**I hope I've got a
good mark.**
Ich hoffe, ich habe
eine gute Note.

hopscotch
Himmel und Hölle
(Hüpfspiel)

**Do you know how
to play hopscotch?**
Weißt du, wie man
Himmel und Hölle
spielt?

horn
das Horn

**This rhino has one horn,
the cow has two.**
Dieses Nashorn hat ein
Horn, die Kuh hat zwei.

horse
das Pferd

**The horse has got
a black mane.**
Das Pferd hat eine
schwarze Mähne.

Horse Guards
Horse Guards

**Horse Guards is a big
building in London.**
Horse Guards ist ein
großes Gebäude in
London.

horse racing
das Pferderennen

Have you ever seen horse racing on TV?
Hast du jemals ein Pferderennen im Fernsehen gesehen?

horse-riding
das Reiten

Horse-riding is Mum's favourite activity.
Reiten ist Mamas Lieblingsaktivität.

hose
der Schlauch

Dad waters the garden with the hose.
Papa gießt den Garten mit dem Schlauch.

hospital
das Krankenhaus

Doctors and nurses work in the hospital.
Im Krankenhaus arbeiten Ärzte und Krankenschwestern.

hot
heiß

The tea is hot!
Der Tee ist heiß!

hot cross bun
das Osterhefe-brötchen

We eat hot cross buns on Good Friday.
Wir essen am Karfreitag Osterhefebrötchen.

hot dog
der Hotdog

There is a long sausage in the hot dog bun.
Im Hotdog-Brötchen ist ein langes Würstchen.

hotel
das Hotel

We're staying in a hotel tonight.
Wir bleiben heute in einem Hotel.

hour
die Stunde

One hour has 60 minutes.
Eine Stunde hat 60 Minuten.

house
das Haus

That is an old house.
Das ist ein altes Haus.

houseboat
das Hausboot

I want to live on a houseboat.
Ich möchte auf einem Hausboot wohnen.

how
wie

How old are you?
Wie alt bist du?

how many?
wie viele?

How many children are you inviting to your party?
Wie viele Kinder lädst du zu deiner Party ein?

How many times?
Wie oft?

How many times a week do you play football?
Wie oft in der Woche spielst du Fußball?

How much ...?
Was kostet ...?

How much is that?
Was kostet das?

to hug
umarmen

Mum is hugging Tim because she loves him.
Mama umarmt Tim, weil sie ihn lieb hat.

100

hundred
hundert

hungry
hungrig

The baby is crying because it's hungry.
Das Baby schreit, weil es hungrig ist.

H

to hunt
jagen

Please don't hunt wild animals.
Bitte jage keine wilden Tiere.

hunter
der Jäger

The hunter has a dog called Fang.
Der Jäger hat einen Hund namens Fang.

to hurry up
sich beeilen

Hurry up or we'll be late!
Beeil dich oder wir werden zu spät kommen!

to hurt
schmerzen, weh tun

Mia fell off her bike. Now her knee hurts.
Mia ist vom Fahrrad gefallen. Jetzt tut ihr Knie weh.

husband
der Ehemann

Mrs Smith's husband is called Martin Smith.
Der Ehemann von Frau Smith heißt Martin Smith.

Hyde Park
der Hyde Park

Hyde Park is in London, not in New York.
Hyde Park ist in London, nicht in New York.

I
ich

I'm sorry.
Es tut mir leid.

I'm/I am
ich bin

I'm very happy today.
Ich bin heute sehr
glücklich.

ice
das Eis

The ice is melting.
Das Eis schmilzt.

ice cream
das Eis

**I would like three
scoops of ice cream,
please!**
Ich möchte bitte
drei Kugeln Eis!

ice hockey
das Eishockey

**Carl plays ice hockey
in the winter.**
Carl spielt Eishockey
im Winter.

to ice-skate
Schlittschuh
laufen

Ice-skating is really fun!
Schlittschuh laufen
macht Spaß!

**I
J**

ICT
der Medienunter-
richt

**Our ICT teacher is
called Mr Black.**
Unser Medienunterricht-
lehrer heißt Herr Black.

icy
eisig kalt

The wind is icy cold.
Der Wind ist eisig kalt.

idea
die Idee

This is a good idea!
Das ist eine gute Idee!

if
wenn, falls

**You can come with me,
if you want.**
Du kannst mit mir
mitkommen, wenn du
möchtest.

igloo
das Iglu

**It's cold inside the
igloo.**
Im Iglu ist es kalt.

ill
krank

**Mia is ill.
She has a fever.**
Mia ist krank.
Sie hat Fieber.

important
wichtig

A doctor is an important person.
Ein Arzt ist ein wichtiger Mensch.

in
in

The toothpaste is in the tube.
Die Zahnpasta ist in der Tube.

India
Indien

How far is it to India?
Wie weit ist es nach Indien?

indoors
innen, drinnen

Is the cat indoors?
Ist die Katze drinnen?

information
die Information/en

The information is on the flyer.
Die Information ist auf dem Flyer.

in former times, in the past
früher

There were no cars or planes in former times.
Früher gab es keine Autos oder Flugzeuge.

in front of
vor

Sam is sitting in front of the door.
Sam sitzt vor der Tür.

to injure
verletzen

Mum has injured her ankle.
Mama hat sich am Knöchel verletzt.

in-line skating
das Inlineskating

Lisa and Susie love in-line skating.
Lisa und Susie lieben Inlineskating.

insect
das Insekt

Flies are insects. They live only a few days or weeks.
Fliegen sind Insekten. Sie leben nur wenige Tage oder Wochen.

inside
drinnen

Is the cat inside the house?
Ist die Katze drinnen?

intelligent
intelligent

Zack is the most intelligent boy in the school.
Zack ist der intelligenteste Junge in der Schule.

I J

interesting
interessant

**Is that book
interesting?**
Ist das Buch
interessant?

Internet
das Internet

**You can find informati-
on on the Internet.**
Du kannst Informatio-
nen im Internet finden.

to interview
interviewen

**Can I interview you
for my school project?**
Kann ich dich für mein
Schulprojekt interview-
en?

in the end
am Ende,
am Schluss

**It will all be fine
in the end.**
Am Ende wird alles gut.

in the morning
morgens,
am Morgen

**We drink warm milk
in the morning.**
Morgens trinken
wir warme Milch.

into
in, in ... hinein

**Dad is pouring
water into the pot.**
Papa schüttet Wasser
in den Topf.

I
J

invitation
die Einladung

**Lisa has got an
invitation to a party.**
Lisa hat eine Einladung
zu einer Party.

to invite
einladen

**Susie invited her to
her birthday party.**
Susie hat sie zu ihrer
Geburtstagsparty
eingeladen.

Ireland
Irland

**In Ireland people speak
English and Irish.**
In Irland spricht man
Englisch und Irisch.

is
ist

Susie is Lisa's friend.
Susie ist Lisas Freundin.

island
die Insel

**The island is in the
middle of the ocean.**
Die Insel liegt mitten
im Meer.

it
es

**Is it lonely on
the island?**
Ist es einsam
auf der Insel?

its
sein, seine, ihr, ihre

The baby has lost its dummy.
Das Baby hat seinen Schnuller verloren.

jacket
die Jacke

The jacket has four buttons.
Die Jacke hat vier Knöpfe.

Italy
Italien

We are going to Italy this summer.
Diesen Sommer fahren wir nach Italien.

jack-o'-lantern
die Kürbislaterne

Put a candle in the jack-o'-lantern!
Stell eine Kerze in die Kürbislaterne!

jam
die Marmelade

The jam is made with cherries.
Die Marmelade ist aus Kirschen gemacht.

January
der Januar

The new year begins in January.
Im Januar beginnt das neue Jahr.

I J

jeans
die Jeans

These jeans are too tight!
Diese Jeans sind zu eng!

jelly
der Wackelpudding, die Götterspeise

I love wobbly green jelly.
Ich liebe wacklige grüne Götterspeise.

jelly babies
die Gummibärchen

Don't eat all the jelly babies before dinner!
Iss nicht alle Gummibärchen vor dem Abendessen!

jellyfish
die Qualle

Jellyfish are slimy.
Quallen sind glibberig.

job
der Beruf, der Job

The job of a firefighter is dangerous.
Der Beruf eines Feuerwehrmannes ist gefährlich.

to join
sich anschließen

May I join you?
Darf ich mich dir anschließen?

joke
der Witz

That is a good joke!
Das ist ein guter Witz!

judo
Judo

Judo is a combat sport.
Judo ist ein Kampfsport.

juice
der Saft

The juice tastes delicious.
Der Saft schmeckt köstlich.

(apple) juice
der Apfelsaft

Can I have a glass of apple juice, please?
Kann ich bitte ein Glas Apfelsaft haben?

(orange) juice
der Orangensaft

Uncle Albert doesn't like orange juice.
Onkel Albert mag keinen Orangensaft.

July
der Juli

The weather is usually warm in July.
Normalerweise ist das Wetter im Juli warm.

I J

to jump
hüpfen, springen

How high can you jump?
Wie hoch kannst du springen?

jumper
der Pullover

I'm putting on a jumper because I'm freezing.
Ich ziehe einen Pullover an, weil ich friere.

June
der Juni

Summer begins in June.
Im Juni beginnt der Sommer.

jungle
der Dschungel

Tigers and parrots live in the jungle.
Im Dschungel leben Tiger und Papageien.

Jupiter
der Jupiter

Can you see Jupiter in the sky?
Kannst du Jupiter am Himmel sehen?

just
gerade

The train has just arrived.
Der Zug ist gerade angekommen.

kangaroo
das Känguru

**The kangaroo comes
from Australia.**
Das Känguru kommt
aus Australien.

karate
das Karate

**Don't do karate
in the playground!**
Mach kein Karate
auf dem Spielplatz!

to keep
halten, behalten

**Mummy kangaroos
keep their babies
in their pouch.**
Kängurumamas
halten ihre Babys
in ihrem Beutel.

to keep away
(sich) fernhalten

**Keep away from
the fire!**
Halte dich vom Feuer
fern!

to keep to the path
auf dem Weg
bleiben

**Keep to the path
in the woods!**
Bleib auf dem
Weg im Wald!

ketchup
der Ketchup

**There's ketchup all
over your face, Ben!**
Auf deinem ganzen
Gesicht ist Ketchup,
Ben!

key
der Schlüssel

This is my house key.
Das ist mein Haus-
schlüssel.

keyboard
die Tastatur

**I can write really
fast on the keyboard.**
Ich kann wirklich
schnell auf der Tastatur
schreiben.

keyword
das Stichwort

**What are the keywords
in this text?**
Was sind die Stichworte
in diesem Text?

K L

to kick
treten

**The football player
is kicking the ball.**
Der Fußballspieler
tritt den Ball.

to kill
töten

**Don't kill the spider,
put it outside!**
Töte die Spinne nicht,
tu sie raus!

kilo
das Kilo

**I would like two kilos
of tomatoes, please.**
Ich hätte bitte gerne
zwei Kilo Tomaten.

kind
die Art, die Sorte

Hm, I like this kind of biscuit.
Hm, ich mag diese Sorte Keks.

king
der König

The king has a crown.
Der König hat eine Krone.

to kiss
küssen

Aunt Lilly and Carl kiss each other because they are in love.
Tante Lilly und Carl küssen sich, weil sie verliebt sind.

kit
die Ausrüstung

Have you got your football kit with you?
Hast du deine Fußballausrüstung dabei?

kitchen
die Küche

The kitchen is on the ground floor.
Die Küche ist im Erdgeschoss.

kite
der Drachen

The kite is flying high in the sky.
Der Drachen steigt hoch in den Himmel.

kiwi
die Kiwi

There are kiwis in the fruit salad.
Da sind Kiwis im Obstsalat.

knee
das Knie

Ben wears knee pads when he goes skateboarding.
Ben trägt Knieschützer, wenn er Skateboard fährt.

knife
das Messer

I eat steak with a knife and fork.
Das Steak esse ich mit Messer und Gabel.

knight
der Ritter

The knight is wearing armour.
Der Ritter trägt eine Rüstung.

to knock
klopfen

Someone is knocking! Come in!
Es klopft! Herein!

to know
wissen, kennen

Do you know how to play this game?
Weißt du, wie das Spiel geht?

to label
beschriften

Label the boxes!
Beschrifte die Kisten!

ladder
die Leiter

**The chickens are
sitting on the ladder.**
Die Hühner sitzen auf
der Leiter.

lady
die Dame

**The lady is waving
to Mia and Tim.**
Die Dame winkt
Mia und Tim zu.

ladybird
der Marienkäfer

**The ladybird is red
with six black spots.**
Der Marienkäfer ist rot
mit sechs schwarzen
Punkten.

lake
der See

**You are not allowed
to swim in this lake!**
In diesem See darf
man nicht baden!

lamb
das Lamm

**The sheep has
two lambs.**
Das Schaf hat
zwei Lämmer.

lamp
die Lampe

The lamp is very bright.
Die Lampe ist sehr hell.

land
das Land

**Carl wants to build
a house on this land.**
Carl möchte ein Haus
auf diesem Land bauen.

to land
landen,
an Land gehen

**The pirates landed on
the island at midnight.**
Die Piraten landeten auf
der Insel um Mitternacht.

**K
L**

language
die Sprache

**English is my first
foreign language.**
Englisch ist meine
erste Fremdsprache.

lassi
das Lassi

**The baby wants to drink
Lisa's mango lassi.**
Das Baby will Lisas
Mango-Lassi trinken.

last
letzte

I was sick last week.
Letzte Woche war ich
krank.

last day of term
der letzte Schultag
(vor den Ferien)

**We have an assembly
on the** last day of term.
Wir haben eine Schul-
versammlung am
letzten Schultag.

late
spät

I'm sorry. I'm a bit late.
Entschuldigung. Ich bin
ein bisschen zu spät.

later
später

See you later, **alligator.**
Bis später, Alligator.

to laugh
lachen

Ben is laughing **at
the funny film.**
Ben lacht über den
lustigen Film.

to lay
legen, stellen,
setzen

This goose lays
golden eggs!
Diese Gans legt
goldene Eier!

to lay eggs
Eier legen

The hen can lay eggs,
the cockerel cannot.
Die Henne kann Eier
legen, der Hahn nicht.

K L

leaf
das Blatt

The leaves **fall from
the trees in autumn.**
Im Herbst fallen
die Blätter von den
Bäumen.

to learn
lernen

We learn **English
on Mondays and
Thursdays.**
Wir lernen montags und
donnerstags Englisch.

leave
abreisen,
weggehen

We'll leave **early
in the morning.**
Wir werden morgen
früh abreisen.

leaves
die Blätter,
das Laub

The leaves **turn red
in autumn.**
Die Blätter werden
im Herbst rot.

left
links

**The sign shows
a** left **turn.**
Das Schild zeigt
nach links.

leg
das Bein

**Ben has a plaster
cast on his** leg.
Ben hat einen Gipsver-
band an seinem Bein.

lemon
die Zitrone

Lemons **taste sour.**
Zitronen schmecken
sauer.

lemonade
die Limonade

The **lemonade is nice
and cold because
there is ice in it.**
Die Limonade ist schön
kalt, weil Eis darin ist.

leopard
der Leopard

The **leopard is
sleeping in the tree.**
Der Leopard schläft
im Baum.

leprechaun
der Kobold

Ask the **leprechaun
how to find the gold!**
Frage den Kobold, wie
man das Gold findet!

lesson
die Unterrichts-
stunde

**Our first lesson is PE
(Physical Education).**
In der ersten Stunde
haben wir Sport.

let's
lass uns

Let's **play a game!**
Lass uns ein Spiel
spielen!

**to let (somebody)
know**
(jemanden)
wissen lassen

Let me know **when
you are finished.**
Lass mich wissen,
wenn du fertig bist.

letter
der Buchstabe

**The first letter is an A.
The last letter is a Z.**
Der erste Buchstabe
ist ein A. Der letzte
Buchstabe ist ein Z.

letter
der Brief

**Grandma likes to write
letters at Christmas.**
Oma schreibt gerne
Briefe zu Weihnachten.

K L

letterbox
der Briefkasten

**I'm putting the post-
card in the letterbox.**
Ich stecke die Postkarte
in den Briefkasten.

lettuce
der Kopfsalat

Snails love lettuce.
Schnecken lieben
Kopfsalat.

library
die Bücherei

**There is a library in
the town.**
In der Stadt gibt es
eine Bücherei.

life
das Leben

Is there life on other planets?
Gibt es Leben auf anderen Planeten?

lifeguard
der Rettungs-
schwimmer

The lifeguard is watching the swimmers in the sea.
Der Rettungschwimmer beobachtet die Schwimmer im Meer.

lift
der Aufzug

How many people can fit in the lift?
Wie viele Leute passen in den Aufzug?

to lift up
hochheben

Carl can lift up Lisa and Mia at the same time.
Carl kann Lisa und Mia gleichzeitig hochheben.

light
leicht

The box is light, not heavy.
Die Kiste ist leicht, nicht schwer.

lighthouse
der Leuchtturm

The lighthouse has a bright green light.
Der Leuchtturm hat ein helles grünes Licht.

lightning
der Blitz

The lightning is so bright!
Was für ein heller Blitz!

to like
mögen

I like Susie.
Ich mag Susie.

to like doing something
etwas gern tun

I like to listen to music with Susie.
Ich höre gerne mit Susie Musik.

line
die Linie

It's difficult to draw a straight line.
Es ist schwer, eine gerade Linie zu malen.

lion
der Löwe

The lion is called the King of the Jungle.
Der Löwe wird König des Dschungels genannt.

liquorice
die Lakritze

Tim doesn't like liquorice.
Tim mag Lakritze nicht.

list
die Liste

Add milk to the list, please.
Bitte füge Milch zur Liste hinzu.

to listen to
zuhören

Grandma likes to listen to the radio.
Oma hört gerne Radio.

listen and check
zuhören und überprüfen

Listen to the CD and check your answers.
Höre der CD zu und überprüfe deine Antworten.

litter bin
der Abfalleimer

Pick that up and put it in the litter bin!
Heb das auf und tu es in den Abfalleimer!

a little
ein bisschen

Can you play it a little faster?
Kannst du es ein bisschen schneller spielen?

little
klein

The baby is my little sister.
Das Baby ist meine kleine Schwester.

little hand
der kleine (Uhr) Zeiger

The little hand is pointing to the ten.
Der kleine Zeiger zeigt auf die Zehn.

to live
wohnen, leben

Polar bears live at the North Pole.
Eisbären leben am Nordpol.

to live in
leben in, wohnen in

Do you live in a town or a village?
Wohnst du in einer Stadt oder in einem Dorf?

K L

living room
das Wohnzimmer

The living room is on the ground floor.
Das Wohnzimmer ist im Erdgeschoss.

llama
das Lama

Be careful, the llama spits!
Sei vorsichtig, das Lama spuckt!

lollipop lady
die Schülerlotsin

The lollipop lady is outside our school.
Die Schülerlotsin steht vor unserer Schule.

The London Eye
das London Eye
(Riesenrad in
London)

**Susie has a postcard
of the London Eye.**
Susie hat eine Postkarte
mit dem London Eye
darauf.

lonely
einsam

**Aunt Lilly feels lonely
when Carl is away.**
Tante Lilly fühlt sich
einsam, wenn Carl
weg ist.

long
lang

**Tim has a long
and heavy stick.**
Tim hat einen langen
und schweren Stock.

loo
das Klo

**Loo is another word
for toilet.**
Klo ist ein anderes
Wort für Toilette.

to look
sehen

**Mia is looking out
of the window.**
Mia schaut aus
dem Fenster.

to look after
(something)
sich (um etwas)
kümmern,
(etwas) betreuen

**Can you look after
Sam today?**
Kannst du dich heute
um Sam kümmern?

to look around
sich umsehen

**Look around! What
can you see?**
Sieh dich um! Was
kannst du sehen?

to look at
ansehen

Look at this picture!
Seht euch das Bild an!

to look for
suchen

**Grandad is looking
for his glasses again.**
Opa sucht schon wieder
nach seiner Brille.

looks
das Aussehen

**Looks are important
for models.**
Das Aussehen ist
wichtig für Models.

to look up
nachschlagen

**Look up the answer
in the book.**
Schlage die Antwort
in dem Buch nach.

to look up
hochschauen

**The owl looks up
to the stars.**
Die Eule schaut
hoch zu den Sternen.

lorry (BE)
der Lkw, der
Lastkraftwagen

**The lorry is blocking
the zebra crossing.**
Der Lkw versperrt
den Zebrastreifen.

to lose
verlieren

The tyre is losing air.
Der Reifen verliert Luft.

a lot
sehr

Thanks a lot!
Danke sehr!

a lot of
viele, eine Menge

**There are a lot of
paintings in the
museum.**
Im Museum gibt es
viele Bilder.

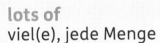

lots of
viel(e), jede Menge

**There are lots of
chickens on the farm.**
Es gibt viele Hühner
auf dem Bauernhof.

loud
laut

**Elephants can be very
loud.**
Elefanten können sehr
laut sein.

to love
lieben

Mia loves her kitten.
Mia liebt ihr Kätzchen.

lovely
schön

That is a lovely song!
Das ist ein schönes Lied!

lunch
das Mittagessen

**Lisa is eating her
lunch in the canteen.**
Lisa isst ihr Mittagessen
in der Mensa.

**K
L**

to have lunch
zu Mittag essen

**We are having lunch
in the park.**
Wir essen im Park zu
Mittag.

lunchbox,
lunch box
die Brotdose

**Oh no! Tim left his
lunchbox at home!**
Oh nein! Tim hat seine
Brotdose zu Hause
gelassen!

lunch break
die Mittagspause

**Let's play football
in the lunch break.**
Lasst uns Fußball in der
Mittagspause spielen.

magazine
die Zeitschrift

This is a magazine for children.
Das ist eine Zeitschrift für Kinder.

magic
magisch

Do you think this toy is magic?
Glaubst du, dieses Spielzeug ist magisch?

magician
der Zauberer

The magician conjures a rabbit out of the hat.
Der Zauberer zaubert ein Kaninchen aus dem Hut.

M

magic wand
der Zauberstab

The magician has a magic wand.
Der Zauberer hat einen Zauberstab.

main
Haupt-

This is the main street.
Das ist die Hauptstraße.

main course
der Hauptgang

Nobody likes the main course.
Niemand mag den Hauptgang.

to make
machen

Aunt Lilly is making pancakes.
Tante Lilly macht Pfannkuchen.

making model planes
Modellflugzeuge bauen

Carl likes making model planes.
Carl baut gerne Modellflugzeuge.

male
männlich

The male lion has a big mane.
Der männliche Löwe hat eine große Mähne.

man
der Mann

Do you know that man?
Kennst du den Mann?

mane
die Mähne

The lion has leaves and twigs in his mane.
Der Löwe hat Blätter und Zweige in seiner Mähne.

mango
die Mango

Is a mango a fruit or a vegetable?
Ist eine Mango ein Obst oder ein Gemüse?

105

many
viele

Many people in Great Britain like to drink tea with milk.
Viele Leute in Großbritannien trinken gerne Tee mit Milch.

map
die Landkarte

This is a map of the USA.
Das ist eine Landkarte von den USA.

March
der März

The daffodils flower in March.
Im März blühen die Osterglocken.

marker
der Spielstein

Move your marker on three squares.
Beweg deinen Spielstein drei Felder weiter.

market
der Markt

There are fresh vegetables at the market.
Auf dem Markt gibt es frisches Gemüse.

Mars
der Mars

The robot sends pictures of Mars.
Der Roboter schickt Bilder vom Mars.

match
das Spiel

Ben won the tennis match.
Ben hat das Tennisspiel gewonnen.

to match (with)
zuordnen (zu)

Match the words with the pictures.
Ordne die Wörter den Bildern zu.

maths
die Mathematik

Maths is Lisa's favourite subject.
Mathematik ist Lisas Lieblingsfach.

may
dürfen

You may go out now.
Ihr dürft jetzt rausgehen.

May
der Mai

The trees flower in May.
Im Mai blühen die Bäume.

maybe
vielleicht

Maybe I'll be a scientist one day.
Ich werde vielleicht einmal Wissenschaftler.

maypole
der Maibaum

The girls are dancing around the maypole.
Die Mädchen tanzen um den Maibaum.

me
mir, mich

Give me the book, please.
Gib mir bitte das Buch.

meal
die Mahlzeit,
das Essen

Breakfast is Henry's favourite meal.
Frühstück ist Henrys Lieblingsmahlzeit.

M

to mean
bedeuten

Kitty is purring. That means she's happy.
Kitty schnurrt. Das bedeutet, dass sie glücklich ist.

to measure
messen,
abmessen

Ben wants to measure Sam's ears.
Ben will Sams Ohren messen.

meat
das Fleisch

The supermarket also sells meat.
Der Supermarkt verkauft auch Fleisch.

meat-eater
der Fleischfresser

The tiger is a meat-eater.
Der Tiger ist ein Fleischfresser.

mechanic
der Mechaniker,
die Mechanikerin

Henry's dad is a mechanic.
Henrys Papa ist ein Mechaniker.

media
die Medien

I read it in the media.
Ich hab es in den Medien gelesen.

medicine
die Medizin,
das Medikament

You can get medicine at the chemist's.
Medikamente bekommt man in der Apotheke.

to meet
sich treffen

Where should we meet?
Wo wollen wir uns treffen?

melon
die Melone

The melon is big and juicy.
Die Melone ist groß und saftig.

menu
die Speisekarte

Can we see the menu, please?
Können wir bitte die Speisekarte sehen?

to meow
miauen

Kitty meows when she wants more food.
Kitty miaut, wenn sie mehr Futter will.

Mercury
der Merkur

Mercury is the closest planet to the sun.
Der Merkur ist der Planet, der am nächsten zur Sonne ist.

merry
froh, fröhlich

Merry Christmas!
Fröhliche Weihnachten!

mess
die Unordnung

What a mess!
Was für eine Unordnung!

messy
unordentlich

Mum moans at me because I'm messy.
Mama schimpft, weil ich unordentlich bin.

metre
der Meter

Carl is nearly two metres tall.
Carl ist fast zwei Meter groß.

mice
die Mäuse

A family of mice lives in our cellar.
In unserem Keller lebt eine Mäusefamilie.

microscope
das Mikroskop

We are looking at insects through the microscope.
Mit dem Mikroskop beobachten wir Insekten.

microwave
die Mikrowelle

Mum is warming up the soup in the microwave.
Mama wärmt die Suppe in der Mikrowelle auf.

middle
die Mitte

The church is in the middle of the town.
In der Mitte der Stadt steht die Kirche.

midnight
die Mitternacht

It's midnight!
Es ist Mitternacht!

mighty
mächtig

The mighty king kissed the queen frog.
Der mächtige König küsste die Frosch-königin.

milk
die Milch

The milk is in the fridge.
Die Milch steht im Kühlschrank.

milk shake
der Milchshake

Would you like a mango milk shake?
Möchtest du einen Mangomilchshake?

million
die Million

81 million people live in Germany.
81 Millionen Menschen leben in Deutschland.

mini
Mini-

Mum wears a mini-skirt in the summer.
Mama trägt im Sommer einen Minirock.

mint
die Minze

You can make yummy tea from fresh mint.
Mit frischer Minze kann man einen leckeren Tee machen.

minute
die Minute

One minute has 60 seconds.
Eine Minute hat 60 Sekunden.

mirror
der Spiegel

The mirror has a crack!
Der Spiegel hat einen Sprung!

to miss
vermissen

I miss my friends when I'm on holiday.
Im Urlaub vermisse ich meine Freunde.

to miss a turn
einmal aussetzen

Wrong! You have to miss a turn.
Falsch! Du musst einmal aussetzen.

mistake
der Fehler

You have made two mistakes.
Du hast zwei Fehler gemacht.

to mix
(ver)mischen

Mix blue and yellow to make green.
Vermische blau und gelb, um grün zu erhalten.

mobile phone
das Handy

**I don't have a
mobile phone yet.**
Ich habe noch kein
Handy.

model
das Modell

**Carl is painting
the model.**
Carl bemalt das Modell.

mole
der Maulwurf

**The mole is making
a molehill.**
Der Maulwurf macht
einen Maulwurfshügel.

moment
der Moment

**Can you wait
for a moment?**
Kannst du einen
Moment warten?

Monday
der Montag

**Monday is the
beginning of the week.**
Montag beginnt
die Woche.

money
das Geld

**The money is in
the purse.**
Das Geld ist im
Geldbeutel.

monkey
der Affe

**The monkey is throwing
his food at the people.**
Der Affe wirft sein Essen
auf die Leute.

monster
das Monster

**Do you believe in
monsters?**
Glaubst du an Monster?

month
der Monat

**A year has
twelve months.**
Ein Jahr hat
zwölf Monate.

moon
der Mond

**The moon is
behind a cloud.**
Der Mond ist hinter
einer Wolke.

moose (AE)
der Elch

**The moose is taller
than the mouse.**
Der Elch ist größer
als die Maus.

moral
die Moral

**The moral of
the story is ...**
Die Moral der
Geschichte ist ...

more
mehr

I'd like more butter, please.
Ich möchte bitte mehr Butter.

morning
der Morgen,
der Vormittag

Mum goes jogging every morning.
Mama joggt jeden Morgen.

mother
die Mutter

Henry's mother is a police officer.
Henrys Mutter ist Polizistin.

M

motorbike
das Motorrad

The motorbike is too loud.
Das Motorrad ist zu laut.

mountain
der Berg

We are hiking in the mountains today.
Wir wandern heute in den Bergen.

mouse
die Maus

There is a mouse sitting under the car!
Da sitzt eine Maus unter dem Auto!

moustache
der Schnurrbart

The waiter has a moustache.
Der Kellner hat einen Schnurrbart.

mouth
der Mund

The baby has a dummy in its mouth.
Das Baby hat einen Schnuller im Mund.

to move
bewegen

Don't move!
Keine Bewegung!

movement
die Bewegung

Stop! I saw a movement in the grass.
Stopp! Ich sah eine Bewegung im Gras.

MP3 player
der MP3-Player

Dad listens to music on his MP3 player.
Papa hört auf seinem MP3-Player Musik.

much
viel

How much pocket money do you get from your parents?
Wie viel Taschengeld bekommst du von deinen Eltern?

111

muddy
schmutzig,
schlammig

**Sam is drinking water
from the muddy puddle.**
Sam trinkt Wasser aus
der schmutzigen Pfütze.

muesli
das Müsli

**There is muesli
for breakfast.**
Zum Frühstück
gibt es Müsli.

muffin
das Muffin

**Grandma is making
banana muffins.**
Oma macht Bananen-
muffins.

M

mug
der Becher

**Grandad likes his tea
in a mug, not a cup.**
Opa mag seinen Tee
im Becher, nicht in der
Tasse.

mum (in der
Anrede: Mum)
die Mama

**Tim calls his
mother Mum.**
Tim nennt seine
Mutter Mama.

mummy
die Mumie

**The mummy is very,
very old.**
Die Mumie ist sehr,
sehr alt.

museum
das Museum

**You can see a mummy
at the museum.**
Im Museum kann man
eine Mumie sehen.

mushy peas
das Erbsenmus

**Grandad likes mushy
peas with his fish.**
Opa mag Erbsenmus
zu seinem Fisch.

Music
der Musikunter-
richt

**Music is our best
subject.**
Der Musikunterricht ist
unser bestes Fach.

music club
die Musik-AG

**Tim is learning the
drums at music club.**
Tim lernt in der Musik-
AG, das Schlagzeug zu
spielen.

must
müssen

**We must go now.
Bye-bye.**
Wir müssen jetzt
gehen. Tschüs.

my
mein, meine

My name is Lisa.
Mein Name ist Lisa.

name
der Name

How do you say your name?
Wie spricht man deinen Namen aus?

My name is ...
Ich heiße ...

My name is Ben. What's your name?
Mein Name ist Ben. Was ist dein Name?

napkin
die Serviette

Put the napkins next to the plates!
Leg die Servietten neben die Teller!

N O

national park
der Nationalpark

There are about 55 moose in the national park.
Es gibt ungefähr 55 Elche im Nationalpark.

Native American
der amerikanische Ureinwohner

Native Americans hunted bison.
Amerikanische Ureinwohner jagten Bisons.

natural
natürlich

Is that her natural hair colour?
Ist das ihre natürliche Haarfarbe?

Natural History Museum
das Naturkundemuseum

Our class is going to the Natural History Museum.
Unsere Klasse geht zum Naturkundemuseum.

neck
der Hals

Tim is washing his neck.
Tim wäscht seinen Hals.

to need
brauchen

I need a tissue. Achoo!
Ich brauche ein Taschentuch. Hatschi!

to neigh
wiehern

Why is the black horse neighing?
Wieso wiehert das schwarze Pferd?

neighbour
der Nachbar, die Nachbarin

Our neighbours are waving at us.
Unsere Nachbarn winken zu uns herüber.

neighbourhood
das (Stadt)Viertel, der Stadtteil, die Nachbarschaft

There's a nice park in this neighbourhood.
In diesem Stadtteil gibt es einen schönen Park.

Neptune
der Neptun

**Neptune is far
away from the sun.**
Der Neptun ist weit
entfernt von der Sonne.

nest
das Nest

**There are three little
birds sitting in the nest.**
Da sitzen drei kleine
Vögel im Nest.

never
nie(mals)

Never do that again!
Mach das nie wieder!

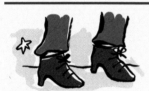

new
neu

**Aunt Lilly is buying
new shoes.**
Tante Lilly kauft
neue Schuhe.

new moon
der Neumond

**There's a new
moon tonight.**
Heute Nacht gibt es
einen Neumond.

New Year's Eve
Silvester

**I'm allowed to stay up
late on New Year's Eve.**
Ich darf zu Silvester
lange aufbleiben.

N O

New Zealand
Neuseeland

**New Zealand is
near Australia.**
Neuseeland liegt in der
Nähe von Australien.

next
nächste, nächster,
nächstes

**Next year I'll
be ten years old.**
Nächstes Jahr werde
ich zehn Jahre alt.

next to
neben

**Sam is sitting
next to the sofa.**
Sam sitzt neben
dem Sofa.

9

nice
nett, schön

That was a nice party!
Das war ein schönes
Fest!

night
die Nacht

It's dark at night.
In der Nacht ist es
dunkel.

nine
neun

19
nineteen
neunzehn

90
ninety
neunzig

no
nein; kein

No, you can't have an ice cream now.
Nein, du kannst jetzt kein Eis haben.

nobody
niemand

Nobody is waiting for the bus.
Niemand wartet auf den Bus.

to nod
nicken

Nod your head if you understand.
Nick mit dem Kopf, wenn du das verstehst.

noisy
laut

The children in Ben's class are very noisy.
Die Kinder in Bens Klasse sind sehr laut.

non-fiction books
die Sachbücher

Grandad has hundreds of non-fiction books.
Opa hat Hunderte Sachbücher.

north wind
der Nordwind

The north wind brings the snow.
Der Nordwind bringt den Schnee.

nose
die Nase

Rudolph the reindeer has a red nose.
Rentier Rudolph hat eine rote Nase.

not
nicht

That's not Uncle Albert's car.
Das ist nicht Onkel Alberts Auto.

nothing
nichts

There is nothing in the box. It's empty.
Da ist nichts in der Kiste. Sie ist leer.

November
der November

It's often foggy in November.
Im November ist es oft neblig.

now
jetzt

Can we go home now?
Können wir jetzt heimgehen?

to number
nummerieren

Number your answers one to ten.
Nummeriere deine Antworten von eins bis zehn.

number plate
das Nummernschild

Can you read the number plate on that car?
Kannst du das Nummernschild dieses Autos lesen?

numbers
die Zahlen

What numbers can you see on the number plate?
Welche Zahlen kannst du auf dem Nummernschild sehen?

nurse
die Krankenschwester

The nurse works at the hospital.
Die Krankenschwester arbeitet im Krankenhaus.

nut
die Nuss

The squirrel is cracking the nut.
Das Eichhörnchen knackt die Nuss.

N O

o'clock
... Uhr

It's six o'clock. The alarm clock is ringing.
Es ist sechs Uhr. Der Wecker läutet.

ocean
der Ozean

Grandad crossed the ocean in a big ship.
Opa hat den Ozean auf einem großen Schiff überquert.

October
der Oktober

Halloween is on October 31st.
Am 31. Oktober ist Halloween.

odd
seltsam, eigenartig

Well, that's odd!
Na, das ist seltsam!

of
von

Susie is a friend of mine.
Susie ist eine Freundin von mir.

of course
natürlich

Of course you can come to my party!
Du kannst natürlich gerne zu meiner Party kommen!

off
ab, aus

Please turn the radio off!
Stell bitte das Radio aus!

Off to bed!
Ab ins Bett!

Off to bed, sleepy head!
Ab ins Bett, Schlafmütze!

often
oft

Ben often plays football at the weekend.
Ben spielt am Wochenende oft Fußball.

Oh dear!
Oje!, Du liebe Güte!

Oh dear! Mia hurt her knee.
Oje! Mia hat sich das Knie verletzt.

okay, OK
okay, in Ordnung

Is that okay for you?
Ist das für dich okay?

old
alt

That's an old car.
Das ist ein altes Auto.

on
auf, an

Please turn the computer on!
Mach bitte den Computer an!

once a day
einmal am Tag

Take the medicine once a day.
Nimm die Medizin einmal am Tag.

once a month
einmal im Monat

We visit our cousins once a month.
Wir besuchen unsere Cousins einmal im Monat.

one
eins

100

one hundred
einhundert

onion
die Zwiebel

Dad doesn't like to cut onions.
Papa schneidet nicht gerne Zwiebeln.

only
nur

**I only play football
on Saturdays.**
Ich spiele nur am
Samstag Fußball.

on this very day
genau an diesem
Tag

**On this very day,
the queen was born.**
Genau an diesem Tag
wurde die Königin
geboren.

on time
pünktlich

**Try to be on
time tomorrow!**
Versuche, morgen
pünktlich zu sein!

to open
aufmachen,
öffnen

**Sam is trying to
open the door.**
Sam versucht, die
Tür zu öffnen.

open
offen, geöffnet

The window is open.
Das Fenster ist offen.

open day
der Tag der
offenen Tür

**We're making a
poster for open day.**
Wir machen ein Poster
für den Tag der offenen
Tür.

opposite
gegenüber

**Ben is sitting
opposite Lisa.**
Ben sitzt Lisa
gegenüber.

or
oder

**Would you like cherries
or raspberries?**
Magst du lieber Kirschen
oder Himbeeren?

orange (colour)
orange

The orange is orange.
Die Orange ist orange.

orange (fruit)
die Orange

**I'd like three oranges
and two apples, please.**
Ich hätte bitte gerne
drei Orangen und zwei
Äpfel.

order
die Reihenfolge

**Put the pictures in
the right order!**
Bring die Bilder in die
richtige Reihenfolge!

to order a meal
ein Essen bestellen

**Aunt Lilly ordered a
meal from the waiter.**
Tante Lilly hat beim
Kellner ein Essen bestellt.

ostrich
der Vogel Strauß

The ostrich is a very tall, black and white bird.
Der Vogel Strauß ist ein sehr großer, schwarz-weißer Vogel.

other
andere, anderer, anderes

Not that one! Give me the other one!
Nicht das da! Gib mir das andere!

ouch
autsch, aua

Ouch! I stubbed my toe!
Autsch! Ich habe mir den Zeh gestoßen!

N O

our
unser, unsere

Our house has a balcony.
Unser Haus hat einen Balkon.

out
draußen; (he)raus

Let's go out into the garden.
Lasst uns raus in den Garten gehen.

outdoors
draußen

Lisa and Susie like to play outdoors.
Lisa und Susie spielen gerne draußen.

out of
aus (etwas heraus)

Get out of the bathroom, please!
Geh bitte aus dem Bad raus!

outside
draußen

Is the cat outside?
Ist die Katze draußen?

oven
der Ofen

The pizzas are in the oven.
Die Pizzas sind im Ofen.

over
vorbei

Over and out!
Ende der Durchsage!

owl
die Eule

Owls mostly sleep during the day.
Eulen schlafen meistens tagsüber.

to own
besitzen

Grandad owns an old car.
Opa besitzt ein altes Auto.

to pack
packen

Pack your suitcase, Ben!
Pack deinen Koffer, Ben!

page
die Seite

Please open your book at page 10!
Schlagt bitte euer Buch auf Seite 10 auf!

to paint
malen

We do lots of painting in the art lesson.
Wir malen viel im Kunstunterricht.

paintbox
der Farbkasten, der Malkasten

Have you got your paintbox, Susie?
Hast du deinen Farbkasten, Susie?

paintbrush
der Pinsel

Can I have a new paintbrush, too?
Kann ich bitte auch einen neuen Pinsel haben?

pair
das Paar

I need a new pair of shoes.
Ich brauche ein neues Paar Schuhe.

PQ

pan
die Pfanne

Let's make some steaks in the pan!
Lasst uns ein paar Steaks in der Pfanne machen!

pancake
der Pfannkuchen

I really want to eat pancakes with jam.
Ich möchte gerne Pfannkuchen mit Marmelade essen.

pancake race
das Pfannkuchen-rennen

The pancake race is on Shrove Tuesday.
Das Pfannkuchenrennen ist am Faschings-dienstag.

panda
der Pandabär

Pandas live in China.
Pandabären leben in China.

pants
die Unterhose

Ben is wearing striped pants.
Ben hat eine gestreifte Unterhose an.

paper
das Papier

The ship is made of paper.
Das Schiff ist aus Papier gemacht.

parade
die Parade

When does the parade begin?
Wann beginnt
die Parade?

paradise
das Paradies

The island is a little paradise.
Die Insel ist ein
kleines Paradies.

Pardon?
Wie bitte?

Pardon? I can't hear you!
Wie bitte? Ich kann
dich nicht hören!

parents
die Eltern

Where are your parents?
Wo sind deine Eltern?

parents' bedroom
das Schlafzimmer
der Eltern

The baby is sleeping in its parents' bedroom.
Das Baby schläft im
Schlafzimmer der
Eltern.

park
der Park

Can we go to the park today?
Können wir heute
in den Park gehen?

park keeper
der Parkaufseher

The park keeper doesn't like dogs.
Der Parkaufseher
mag Hunde nicht.

parrot
der Papagei

A parrot can learn to talk.
Ein Papagei kann
sprechen lernen.

partner
der Partner,
die Partnerin

Stand next to your partner, please.
Stellt euch bitte
neben euren Partner.

P Q

party
die Party

Can you come to my party?
Kannst du zu meiner
Party kommen?

to have a party
eine Party feiern

Ben wants to have a Halloween party.
Ben möchte eine Hallo-
ween-Party feiern.

to pass
vorbeigehen;
zuspielen

Henry passes the ball to Tim.
Henry spielt Tim
den Ball zu.

pavement
der Bürgersteig

**That motorbike is
parked on the
pavement.**
Das Motorrad parkt
auf dem Bürgersteig.

paw
die Pfote

Sam is licking his paws.
Sam leckt seine Pfoten.

to pay
zahlen, bezahlen

We pay at the checkout.
Wir zahlen an der Kasse.

to pay the bill
die Rechnung
bezahlen

**Aunt Lilly has
to pay the bill.**
Tante Lilly muss die
Rechnung bezahlen.

**PE (Physical
Education)**
der Sportunter-
richt

**It's raining, and
we have PE today!**
Es regnet und wir haben
heute Sportunterricht!

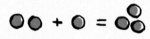

pea
die Erbse

**You can do maths
with peas.**
Mit Erbsen kann
man rechnen!

P
Q

peach
der Pfirsich

**The peach is
soft and sweet.**
Der Pfirsich ist
weich und süß.

peanut
die Erdnuss

**Birds love to
eat peanuts.**
Vögel lieben es,
Erdnüsse zu essen.

pear
die Birne

**There's a worm
in the pear!**
Da ist ein Wurm
in der Birne!

pedestrian
der Fußgänger,
die Fußgängerin

**There is a traffic
light for pedestrians.**
Da ist eine Fußgänger-
ampel.

**pedestrian
crossing**
der Fußgänger-
überweg

**Please cross at the
pedestrian crossing!**
Geh bitte über den
Fußgängerüberweg!

to peel
pellen, schälen

**Can you help me
peel the orange?**
Kannst du mir helfen,
die Orange zu schälen?

pen
der Stift

Do you write with a pen or a pencil?
Schreibst du mit einem Stift oder mit einem Bleistift?

pencil
der Bleistift

Grandma bought me a new glittery pencil.
Oma hat mir einen neuen glitzernden Bleistift gekauft.

pencil case
das Mäppchen

The pens and pencils are in the pencil case.
Die Stifte und Bleistifte sind im Mäppchen.

pencil sharpener
der Bleistiftan-spitzer

Can I use your pencil sharpener, please?
Kann ich bitte deinen Bleistiftanspitzer benutzen?

penguin
der Pinguin

Penguins live at the South Pole.
Pinguine leben am Südpol.

people
die Menschen, die Leute

There are a lot of people on the street.
Da sind viele Leute auf der Straße.

pepper
die Paprika, die Paprikaschote

We have green and red peppers.
Wir haben grüne und rote Paprikas.

pepper
der Pfeffer

Can I have the pepper, please?
Kann ich bitte den Pfeffer haben?

percussion instruments
das Schlagzeug

Percussion instruments are fun to play!
Schlagzeug spielen macht Spaß!

P Q

perfect
perfekt

Today is a perfect day.
Heute ist ein perfekter Tag.

to perform
aufführen

Mia's class will perform the play tomorrow.
Mias Klasse wird das Stück morgen aufführen.

pet
das Haustier

Hamsters, rabbits and mice all make good pets.
Hamster, Kaninchen und Mäuse sind alles nette Haustiere.

petrol station
die Tankstelle

**The black car is at
the petrol station.**
Das schwarze Auto
steht an der Tankstelle.

to phone
anrufen

**Can you please
phone me tomorrow?**
Kannst du mich bitte
morgen anrufen?

photo
das Foto

**This photo shows
me as a baby.**
Dieses Foto zeigt
mich als Baby.

to take photos
fotografieren

**Mum likes to take
photos of birds.**
Mama fotografiert
gerne Vögel.

piano
das Klavier

**Grandma can play
the piano very well.**
Oma kann sehr gut
Klavier spielen.

to pick up
aufheben

**Pick up the rubbish,
immediately!**
Heb den Müll sofort auf!

P Q

picnic
das Picknick

**We will have a picnic
in the park tomorrow.**
Morgen machen wir
ein Picknick im Park.

to have a picnic
picknicken

**Can we have a picnic
in the park today?**
Können wir heute
im Park picknicken?

picnic basket
der Picknickkorb

**There are ants in
the picnic basket!**
Da sind Ameisen
im Picknickkorb!

picture
das Bild

**Mia is cutting pictures
out of the magazine.**
Mia schneidet Bilder
aus der Zeitschrift aus.

picture book
das Bilderbuch

**Lisa is making a picture
book for her sister.**
Lisa macht ein Bilder-
buch für ihre Schwester.

piece
das Stück

**Would you like
a piece of cake?**
Möchtest du ein
Stück Kuchen?

piece of paper
das Stück Papier

**Write your name on
a piece of paper.**
Schreib deinen Namen
auf ein Stück Papier.

pig
das Schwein

**My lucky charm is
a small golden pig.**
Mein Glücksbringer ist
ein kleines goldenes
Schwein.

piglet
das Ferkel

**The mummy pig
has ten pink piglets.**
Die Schweinemama
hat zehn rosa Ferkel.

pigsty
der Schweinestall

**The piglets live
in the pigsty.**
Die Ferkel leben
im Schweinestall.

pilgrim
der Pilger,
die Pilgerin

**The pilgrim walked to
the castle on the hill.**
Der Pilger ging zur
Burg auf dem Hügel.

pillow
das Kopfkissen

My pillow is really soft.
Mein Kopfkissen ist
schön weich.

pilot
der Pilot

Carl is a pilot.
Carl ist Pilot.

pineapple
die Ananas

**How much does
a pineapple cost?**
Was kostet eine
Ananas?

pink
rosa

Mia loves pink T-shirts.
Mia liebt rosa T-Shirts.

P
Q

pirate
der Pirat

Who is the pirate?
Wer ist der Pirat?

pizza
die Pizza

**I would like a salami
pizza, please.**
Ich möchte bitte
eine Salamipizza.

place
der Platz; der Ort

**Mum lived in this place
twenty years ago.**
Mama hat vor 20 Jahren
in diesem Ort gelebt.

plain
einfarbig

The princess wears a plain white dress.
Die Prinzessin trägt ein einfarbiges, weißes Kleid.

plan
der Plan

I can't tell you my secret plan.
Ich kann dir meinen geheimen Plan nicht verraten.

to plan
planen

Mum and Dad are planning our summer holiday.
Mama und Papa planen unseren Sommerurlaub.

plane
das Flugzeug

The plane is landing.
Das Flugzeug landet.

planet
der Planet

How many planets are there?
Wie viele Planeten gibt es?

plant
die Pflanze

There are lots of different plants in the woods.
Es gibt viele verschiedene Pflanzen im Wald.

to plant
pflanzen

Our teacher wants us all to plant a tree.
Unser Lehrer möchte, dass wir alle einen Baum pflanzen.

plant-eater
der Pflanzenfresser

Many dinosaurs were plant-eaters.
Viele Dinosaurier waren Pflanzenfresser.

plaster
das Pflaster

I need a plaster! I cut my thumb!
Ich brauche ein Pflaster! Ich habe mir in den Daumen geschnitten!

plastic
das Plastik

The duck is made of plastic.
Die Ente ist aus Plastik.

plate
der Teller

There are four plates on the table.
Auf dem Tisch stehen vier Teller.

to play
spielen

The cat likes to play with wool.
Die Katze spielt gerne mit Wolle.

to play a musical instrument
ein Musikinstrument spielen

Which musical instrument can you play?
Welches Musikinstrument spielst du?

to play a trick
einen Streich spielen

We're going to play a trick on Dad.
Wir werden Papa einen Streich spielen.

to play chess
Schach spielen

Grandad is teaching Ben to play chess.
Opa bringt Ben Schach spielen bei.

to play croquet
Krocket spielen

We can play croquet in the garden.
Wir können Krocket im Garten spielen.

to play darts
Dart spielen

The children like to play darts.
Die Kinder spielen gerne Dart.

player
der Spieler, die Spielerin

How many players are there in a cricket team?
Wie viele Spieler gibt es in einer Kricketmannschaft?

playground
der Spielplatz

This is a playground for small children.
Das ist ein Spielplatz für kleine Kinder.

to play ludo
Mensch-ärgere-dich-nicht spielen

Grandma and Lisa want to play ludo.
Oma und Lisa möchten Mensch-ärgere-dich-nicht spielen.

to play the violin
Geige spielen

Mum loves to play the violin.
Mama liebt es, Geige zu spielen.

P Q

playtime
die Pause; Zeit zum Spielen

Let's play football at playtime.
Lasst uns in der Pause Fußball spielen.

please
bitte

Can I please have an ice cream?
Kann ich bitte ein Eis haben?

to pledge allegiance
den Fahneneid schwören

They pledge allegiance to the American flag.
Sie schwören einen Fahneneid auf die Fahne der Vereinigten Staaten.

plenty
viel, reichlich

**There are plenty of
colours in the paintbox.**
Es gibt viele Farben im
Farbmalkasten.

plot
die Handlung

**I don't understand
the plot.**
Ich verstehe die
Handlung nicht.

plum
die Pflaume

**Plum jam is my
favourite jam.**
Pflaumenmarmelade
ist meine Lieblings-
marmelade.

p.m.
nachmittags

**We finish school
at 3 p.m.**
Die Schule ist um 3 Uhr
nachmittags aus.

pocket
die Tasche,
die Hosentasche

**There is a hole in
my pocket.**
In meiner Hosentasche
ist ein Loch.

poem
das Gedicht

Ben is learning a poem.
Ben lernt ein Gedicht.

poetry
Gedichte

**Grandma writes poetry
in the afternoons.**
Oma schreibt
nachmittags Gedichte.

to point
zeigen

**Point to the
right answer!**
Zeige auf die
richtige Antwort!

pointer
der Zeigestab

**Mr Black uses
the pointer in the
classroom.**
Herr Black benutzt
den Zeigestab im
Klassenzimmer.

poison
das Gift

**Some snakes have got
poison in their teeth.**
Manche Schlangen
haben Gift in ihren
Zähnen.

poisonous
giftig

**Is this snake
poisonous?**
Ist diese
Schlange giftig?

polar bear
der Eisbär

**Polar bears have
big paws that help
them to swim.**
Eisbären haben große
Tatzen, die ihnen beim
Schwimmen helfen.

**P
Q**

pole
die Stange

The firefighters slide down the pole.
Die Feuerwehrleute rutschen die Stange herunter.

policeman
der Polizist

The policeman is helping the lady.
Der Polizist hilft der Frau.

policewoman
die Polizistin

The policewoman is chasing the thief.
Die Polizistin verfolgt den Dieb.

police officer
der Polizist,
die Polizistin

The police officer is very nice.
Die Polizistin ist sehr nett.

polite
höflich

Always say please and thank you. It's polite.
Sage immer bitte und danke. Das ist höflich.

polo
das Polo

Lisa likes going to watch polo in the summer.
Lisa geht gerne im Sommer zum Polo.

P
Q

pond
der Teich

The frogs are croaking in the pond.
Im Teich quaken die Frösche.

poo
das Kacka
(Kindersprache)

Mum, Lucy has done a poo!
Mama, Lucy hat Kacka gemacht!

poor
arm

People who have no money are poor.
Leute, die kein Geld haben, sind arm.

to pop
knallen

Carl pops the cork on the wine bottle.
Carl lässt den Korken der Weinflasche knallen.

popcorn
das Popcorn

Popcorn is fun to make and fun to eat!
Popcorn zu machen und zu essen macht Spaß.

popular
beliebt

Ruth is the most popular girl at school.
Ruth ist das beliebteste Mädchen in der Schule.

131

postcard
die Postkarte

The postcard is from Venice.
Die Postkarte kommt aus Venedig.

poster
das Poster

Susie has a poster of Tarzan.
Susie hat ein Poster von Tarzan.

postman
der Postbote

The postman has a large parcel for Dad.
Der Postbote hat ein großes Paket für Papa.

post office
das Postamt

Dad is taking the package to the post office.
Papa bringt das Paket zur Post.

potato
die Kartoffel

The farmer is harvesting the potatoes.
Der Bauer erntet die Kartoffeln.

pound
das Pfund

The book costs five pounds.
Das Buch kostet fünf Pfund.

P Q

to pour
gießen

Pour the milk into the bowl.
Gieß Milch in die Schüssel.

pram
der Kinderwagen

The woman is pushing the pram.
Die Frau schiebt den Kinderwagen.

to prefer
lieber mögen

Do you prefer rice or pasta?
Möchtest du lieber Reis oder Nudeln?

present
das Geschenk

Thank you for the present!
Danke für das Geschenk!

to present
präsentieren, vorstellen

I'd like to present Dr MacDonald.
Ich würde gerne Dr. MacDonald vorstellen.

president
der Präsident

Who is the president of the USA?
Wer ist der Präsident der USA?

to press
drücken

**Please press
the red button.**
Drück bitte auf
den roten Knopf.

pretty
hübsch

**The baby wants
the pretty ribbons.**
Das Baby will die
hübschen Schleifen.

price
der Preis

**The price is on
the price tag.**
Der Preis steht
auf dem Preisschild.

**prince,
princess**
der Prinz,
die Prinzessin

**The prince has
been naughty. But
where is the princess?**
Der Prinz war böse. Aber
wo ist die Prinzessin?

printer
der Drucker

**The printer is printing
our holiday photos.**
Der Drucker druckt
unsere Urlaubsbilder.

prison
das Gefängnis

**The bad man must go
to prison for five years.**
Der böse Mann muss für
fünf Jahre ins Gefängnis
gehen.

**P
Q**

problem
das Problem

**Grandad has a problem
because his glasses are
broken.**
Opa hat ein Problem, weil
seine Brille kaputt ist.

programme
das Programm

**How do you like the
festival programme?**
Wie gefällt dir das
Festivalprogramm?

to protect
beschützen

**Sam thinks he protects
our house. Good dog.**
Sam glaubt, dass er
unser Haus beschützt.
Guter Hund.

proud
stolz

**Tim is proud of his
good mark in maths.**
Tim ist stolz auf seine
gute Note in Mathe.

pudding
die Süßspeise,
der Nachtisch

**Can I have some more
pudding, please?**
Kann ich bitte etwas
mehr Nachtisch haben?

puddle
die Pfütze

**Tim is jumping
in the puddle.**
Tim springt in
die Pfütze.

to pull

to pull
ziehen

What happens when you pull the string?
Was passiert, wenn man an der Schnur zieht?

pullover
der Pullover

Mum, I left my pullover at school again.
Mama, ich habe wieder meinen Pullover in der Schule vergessen.

pumpkin
der Kürbis

There's an enormous pumpkin growing in Aunt Lilly's garden.
In Tante Lillys Garten wächst ein riesengroßer Kürbis.

(hole) punch
der Locher

Have you got a (hole) punch?
Hast du einen Locher?

pupil
der Schüler, die Schülerin

In England pupils have to wear a school uniform.
In England müssen Schüler eine Schuluniform tragen.

purple
violett, lila, purpur

Mum likes purple flowers best.
Mama mag am liebsten lila Blumen.

purse
der Geldbeutel

The money is in the purse.
Das Geld ist im Geldbeutel.

to push
drücken, schieben

Push the door, don't pull it!
Drück gegen die Tür, zieh nicht an ihr!

to put
stellen, setzen, legen

Dad is putting the pot on the cooker.
Papa stellt den Topf auf den Herd.

to put away
wegräumen

Please put away your school things!
Räum bitte deine Schulsachen weg!

to put on
anziehen

It's cold outside. Put on your hat and scarf.
Es ist draußen kalt. Zieh deine Mütze und deinen Schal an.

pyjamas
der Schlafanzug

Dad is wearing his pyjamas.
Papa hat seinen Schlafanzug an.

quality
die Qualität

It costs more but the quality is better.
Es kostet mehr, aber die Qualität ist besser.

quarter
das Viertel

A quarter of an hour is fifteen minutes.
Eine Viertelstunde sind fünfzehn Minuten.

quarter past
Viertel nach

The school bell rings at quarter past three.
Die Schulglocke läutet um Viertel nach drei.

at quarter past four
um Viertel nach vier

The school day ends at quarter past four.
Der Schultag endet um Viertel nach vier.

quarter to
Viertel vor

I'll be there at quarter to four.
Ich werde um Viertel vor vier da sein.

queen
die Königin

The bees have a queen.
Die Bienen haben eine Königin.

question
die Frage

Mr Abraham, I have a question.
Herr Abraham, ich habe eine Frage.

to queue up
in der Schlange stehen

The passengers queue up at the check-in desk.
Die Passagiere stehen Schlange am Check-in-Schalter.

quick
schnell

You have to be quick or you'll miss the bus.
Du musst schnell sein oder du wirst den Bus verpassen.

quiet
ruhig, still, leise

Please be quiet! The baby is sleeping.
Sei bitte leise! Das Baby schläft.

quiz
das Quiz, das Ratespiel

Do the quiz with your partner.
Mach das Quiz mit deinem Partner.

to quiz
befragen

Quiz your partner.
Befrage deinen Partner.

rabbit
das Kaninchen

**Our rabbit lives in
the garden.**
Unser Kaninchen
lebt im Garten.

race
das Wettrennen

**Who will win the race?
Ready, steady, go!**
Wer wird das Rennen
gewinnen? Auf die
Plätze, fertig, los!

to race
rennen

**The horses are racing
around the track.**
Die Pferde rennen
um die Rennbahn.

R

racing car
der Rennwagen

**Tim wants to drive
a racing car when
he's older.**
Tim will einen
Rennwagen fahren,
wenn er älter ist.

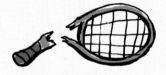

racket
der Schläger

**The tennis racket
is broken.**
Der Tennisschläger
ist zerbrochen.

radio jingle
der Radio-Jingle

**Do you know this
radio jingle?**
Kennst du diesen
Radio-Jingle?

rain
der Regen

**The rain is falling
on Grandad's cap.**
Der Regen tropft
auf Opas Kappe.

to rain
regnen

It's raining again!
Es regnet schon wieder!

rainbow
der Regenbogen

**There's a beautiful
rainbow over our house.**
Über unserem Haus ist
ein wunderschöner
Regenbogen.

raincoat
der Regenmantel

**Put on your raincoat
and go outside!**
Zieh deinen Regenman-
tel an und geh raus!

raindrop
der Regentropfen

**It's raining – there
are raindrops on the
window.**
Es regnet – da sind
Regentropfen auf
dem Fenster.

rainforest
der Regenwald

**It's hot and humid
in the rainforest.**
Im Regenwald ist
es heiß und feucht.

137

R

rainy
regnerisch

What a rainy day! Where's my umbrella?
Was für ein regnerischer Tag! Wo ist mein Regenschirm?

ranger
der Ranger

The ranger is looking for the bear.
Der Ranger sucht den Bären.

rap
der Rap

Carl's raps are fast and funny.
Carls Raps sind schnell und lustig.

rat
die Ratte

He wants a pet rat. His mum allows it.
Er will eine Ratte als Haustier. Seine Mama erlaubt es.

rattlesnake
die Klapperschlange

Listen, is that a rattlesnake?
Hör mal, ist das eine Klapperschlange?

to read
lesen

Please read the text aloud.
Lies bitte den Text vor.

reading
das Lesen

Reading is inspiring the fantasy.
Lesen regt die Fantasie an.

ready
fertig, bereit

Ready, steady, go!
Auf die Plätze, fertig, los!

really
wirklich

I really, really like you.
Ich hab dich wirklich, wirklich gern.

recipe
das Rezept

Can you give me the cake recipe, please?
Kannst du mir bitte das Kuchenrezept geben?

recorder
die Blockflöte

Mia plays the recorder.
Mia spielt die Blockflöte.

rectangle
das Rechteck

A rectangle has four corners.
Ein Rechteck hat vier Ecken.

red
rot

When I grow up
I'll drive a red car.
Wenn ich groß bin, fahre
ich ein rotes Auto.

reflector
der Rückstrahler,
der Reflektor,
das Katzenauge

Have you got any
reflectors on your bike?
Hast du Katzenaugen an
deinem Fahrrad?

reindeer
das Rentier

Real reindeers can't fly.
Echte Rentiere können
nicht fliegen.

R

**Religious
Education (RE)**
der Religions-
unterricht

Ben has Religious
Education on Fridays.
Ben hat freitags
Religionsunterricht.

to remember
sich an etwas
erinnern

Can you remember your
first day at school?
Kannst du dich an deinen
ersten Schultag erinnern?

to repeat
wiederholen

Could you repeat the
sentence, please?
Könntest du bitte den
Satz wiederholen?

**to rest, to have
a rest**
sich ausruhen

That was hard.
Let's have a rest.
Das war hart. Lasst
uns ausruhen.

restaurant
das Restaurant

This is Mum's favourite
restaurant.
In dieses Restaurant
geht Mama am liebsten.

rhino(ceros)
das Nashorn

The rhino looks
very angry.
Das Nashorn sieht
sehr wütend aus.

rhyme
der Reim

Let's say the
rhyme together.
Lasst uns den Reim
zusammen aufsagen.

ribbon
das Band

Susie is tying a
red ribbon around
the present.
Susie bindet ein rotes
Band um das Geschenk.

rice
der Reis

Mia is pouring rice
into the cold water.
Mia schüttet den Reis
ins kalte Wasser.

rich
reich

Someone with a lot of money is rich.
Wer viel Geld hat, ist reich.

riddle
das Rätsel

Can you explain that riddle to me?
Kannst du mir das Rätsel erklären?

to ride
reiten, fahren

Who wants to ride the horse?
Wer möchte das Pferd reiten?

to ride a bike
Fahrrad fahren

Tim is learning to ride a bike.
Tim lernt Fahrrad fahren.

to ride a donkey
auf einem Esel reiten

In England you can ride a donkey on the beach.
In England kann man am Strand Esel reiten.

right
richtig

That's the right answer!
Das ist die richtige Antwort!

to be right
Recht haben

Mum knows that she is right.
Mama weiß, dass sie Recht hat.

right
rechts

The sign shows a right turn.
Das Schild zeigt nach rechts.

to ring
klingeln

You must ring three times!
Du musst dreimal klingeln!

river
der Fluss

There is a fisherman sitting by the river.
Am Fluss sitzt ein Angler.

to roar
brüllen

A tiger is roaring in the jungle.
Im Dschungel brüllt ein Tiger.

robin
das Rotkehlchen

Look, there's a friendly robin in the tree.
Schau, da ist ein freundliches Rotkehlchen im Baum.

R

rock
der Fels

Ben is standing on top of the rock.
Ben steht auf der Felsspitze.

the rocket
die Rakete

The rocket will start in ten seconds. 10, 9, 8 ...
Die Rakete wird in zehn Sekunden starten. 10, 9, 8 ...

The Rocket
The Rocket

The Rocket is the name of an old train engine.
The Rocket ist der Name einer alten Lokomotive.

rocky
felsig, steinig

This mountain path is very rocky.
Dieser Bergweg ist sehr steinig.

role-play
das Rollenspiel

Our teacher wants to do a role-play with us.
Unser Lehrer möchte mit uns ein Rollenspiel machen.

roll
das Brötchen

Which roll would you like?
Welches Brötchen möchtest du?

Romania
Rumänien

Dad is flying to Romania tomorrow.
Papa fliegt morgen nach Rumänien.

roof
das Dach

There is a bird sitting on the roof.
Auf dem Dach sitzt ein Vogel.

room
das Zimmer

The house has five rooms.
Das Haus hat fünf Zimmer.

rope bridge
die Hängebrücke

It's fun to run across the rope bridge.
Es macht Spaß, über die Hängebrücke zu rennen.

rose
die Rose

There are roses growing in front of the house.
Vor dem Haus wachsen Rosen.

round
rund

The earth is round and turns on its own axis.
Die Erde ist rund und dreht sich um die eigene Achse.

R

route
die Route, der Weg

The route is marked on the map.
Die Route ist auf der Karte markiert.

to row
rudern

Carl is teaching Aunt Lilly how to row a boat.
Carl bringt Tante Lilly bei, wie man rudert.

rubber
der Radiergummi

Can I borrow your rubber, please?
Kann ich mir bitte deinen Radiergummi leihen?

rubber boat
das Gummiboot

Oh no, there's a hole in the rubber boat!
Oh nein! Da ist ein Loch im Gummiboot!

rucksack
der Rucksack

I carry all my school-books in my rucksack.
Ich trage alle meine Schulbücher in meinem Rucksack.

rug
der Teppich

Kitty is sitting on the rug in the sun.
Kitty sitzt auf dem Teppich in der Sonne.

rugby
Rugby

Rugby is a school sport in Scotland.
Rugby ist ein Schulsport in Schottland.

ruler
das Lineal

The ruler is 30 cm long.
Das Lineal ist 30 cm lang.

to rumble
das Grollen, das Rumpeln

Can you hear the thunder rumbling in the sky?
Kannst du das Grollen im Himmel hören?

to run
laufen

Sam can run faster than Ben.
Sam kann schneller laufen als Ben.

to run (around)
(herum)rennen

Sam is running around in the garden.
Sam rennt im Garten herum.

to rustle
rascheln

The mouse is rustling in the leaves.
Die Maus raschelt in den Blättern.

sack
der Sack

How many potatoes are in the sack?
Wie viele Kartoffeln sind in dem Sack?

sack race
das Sackhüpfen

And the winner of the sack race is … Ben!
Und der Gewinner beim Sackhüpfen ist … Ben!

sad
traurig

Don't be sad.
Sei nicht traurig.

S

saddle
der Sattel

Mia can't put the saddle on the horse.
Mia kann den Sattel nicht auf das Pferd tun.

safe
sicher

I feel safe under my bed.
Unter meinem Bett fühle ich mich sicher.

to sail
segeln

Ben wants to sail around the world.
Ben möchte um die Welt segeln.

salad
der Salat

Grandad is making tomato salad.
Opa macht einen Tomatensalat.

salami
die Salami

Yuck! There's salami on my pizza!
Igitt! Da ist Salami auf meiner Pizza!

salt
das Salz

These potatoes need more salt.
Diese Kartoffeln brauchen mehr Salz.

salty
salzig

Yuck! This soup tastes very salty.
Igitt! Die Suppe schmeckt sehr salzig.

the same
der-/die-/ dasselbe; gleich

We are wearing the same rain jacket!
Wir tragen dieselbe Regenjacke!

sand
der Sand

The baby is crawling in the sand.
Das Baby krabbelt im Sand.

sandal
die Sandale

I wear sandals to school in the summer.
Im Sommer habe ich in der Schule Sandalen an.

sandcastle
die Sandburg

Mia has made a fantastic sandcastle.
Mia hat eine fantastische Sandburg gebaut.

sandwich
das Sandwich, das belegte Brot

Can I have a cheese and tomato sandwich, please?
Kann ich bitte ein Brot mit Käse und Tomaten haben?

(cheese) sandwich
das Käsesandwich

Mum put a cheese sandwich in my lunchbox.
Mama hat ein Käsesandwich in meine Brotdose getan.

Santa Claus
der Weihnachtsmann

Father Christmas is called Santa Claus in the USA.
In den USA heißt der Weihnachtsmann Santa Claus.

Saturday
der Samstag

We don't go to school on Saturday.
Samstags haben wir keine Schule.

S

Saturn
der Saturn

There are many rings around Saturn.
Um den Saturn gibt es viele Ringe.

sauce
die Soße

Grandma pours lots of sauce on her potatoes.
Oma gießt viel Soße auf ihre Kartoffeln.

sausage
das Würstchen

Sam is dreaming about a big juicy sausage.
Sam träumt von einer großen saftigen Wurst.

savannah
die Savanne

Elephants and giraffes live in the savannah.
Elefanten und Giraffen leben in der Savanne.

saxophone
das Saxofon

Carl plays the saxophone.
Carl spielt das Saxofon.

to say
sagen

What did you just say?
Was hast du eben gesagt?

to scare
Angst machen

Big dark shadows
scare **me.**
Große dunkle Schatten
machen mir Angst.

scared
verängstigt

Henry looks scared.
Henry sieht verängstigt
aus.

to be scared
(of something)
(vor etwas)
Angst haben

Kitty is scared of
the fireworks.
Kitty hat Angst
vor dem Feuerwerk.

S

scarf
der Schal

Grandma is knitting a
long colourful scarf.
Oma strickt einen
langen bunten Schal.

scary
unheimlich,
Furcht einflößend

Ben's Halloween
costume is very scary.
Bens Halloweenkostüm
ist sehr unheimlich.

scene
die Szene

The actor cries
in this scene.
Der Schauspieler
weint in dieser Szene.

school
die Schule

Tim doesn't go
to school **yet.**
Tim geht noch
nicht in die Schule.

school bag,
schoolbag
die Schultasche,
der Ranzen

Phew! My school bag
is very heavy today.
Puh! Meine Schultasche
ist heute sehr schwer.

school club
die Schul-Arbeits-
gemeinschaft,
die Schul-AG

There are different
school clubs **every day.**
Es gibt jeden Tag unter-
schiedliche Schul-AGs.

school holidays
die Schulferien

We are going to Spain
for the school holidays.
Wir fliegen in den
Schulferien nach
Spanien.

school playground
der Schulhof

We can play table tennis
in the school playground.
Auf dem Schulhof können
wir Tischtennis spielen.

school subject
das Schulfach

Maths, English and Art
are school subjects.
Mathe, Englisch und
Kunst sind Schulfächer.

school things
die Schulsachen

Have you put your school things in your bag?
Hast du deine Schulsachen in deine Tasche getan?

school trip
die Klassenfahrt, der Schulausflug

Mum, I need 20 euros for the school trip.
Mama, ich brauche 20 Euro für den Schulausflug.

school uniform
die Schuluniform

In Britain, children wear school uniforms.
In Großbritannien tragen die Kinder Schuluniformen.

Science (Schulfach)
die Wissenschaft, die Naturwissenschaft

Science can be very exciting.
Wissenschaft kann sehr spannend sein.

science club
die Naturwissenschaftliche-AG

There was a fire at science club.
In der Naturwissenschaftlichen-AG gab es ein Feuer.

Science Museum
das Science Museum

Our class is at the Science Museum.
Unsere Klasse ist im Science Museum.

(a pair of) scissors
die Schere

The scissors cut really well!
Die Schere schneidet super!

a scoop of ice cream
eine Kugel Eis

Can I have another scoop of ice cream, please?
Kann ich bitte noch eine Kugel Eis haben?

scooter
der Kickscooter, der Motorroller

My doctor has a scooter.
Mein Arzt hat einen Motorroller.

Scotland
Schottland

Last year, Dad played golf in Scotland.
Letztes Jahr hat Papa in Schottland Golf gespielt.

to scratch
kratzen

Sam is scratching at the door.
Sam kratzt an der Tür.

screen
der Bildschirm

The screen is too dark.
Der Bildschirm ist zu dunkel.

sea
das Meer

**We're staying
in a holiday home
by the sea.**
Wir wohnen in einem
Ferienhaus am Meer.

seagull
die Möwe

**The seagull is flying
over the sea.**
Die Möwe fliegt
über das Meer.

seal
der Seehund

**Seals have beautiful
big eyes.**
Seehunde haben
schöne große Augen.

S

to search
suchen

**Mum is searching
for her keys again.**
Mama sucht wieder
ihre Schlüssel.

seashell
die Muschel

**Lisa is collecting
seashells on the beach.**
Lisa sammelt Muscheln
am Strand.

season
die Jahreszeit

**The year has four
seasons: spring,
summer, autumn,
and winter.**
Das Jahr hat vier
Jahreszeiten: Frühling,
Sommer, Herbst und
Winter.

to season sth
etwas würzen

**Don't forget to
season the soup!**
Vergiss nicht, die
Suppe zu würzen!

second
die Sekunde

**There are sixty
seconds in a minute.**
Es gibt sechzig Sekun-
den in einer Minute.

to see
sehen

Can you see me?
Kannst du mich sehen?

I see!
Ach so!

I see! **That's what
it says.**
Ach so! Das steht
da also.

seed
der Samen,
das Korn

**Tall flowers grow
from small seeds.**
Große Blumen wachsen
aus kleinen Samen.

to sell
verkaufen

**The woman is
selling flowers.**
Die Frau verkauft
Blumen.

semi-detached house
das Doppelhaus

Henry's dad lives in a semi-detached house.
Henrys Papa lebt in einem Doppelhaus.

sentence
der Satz

Write five sentences about your family.
Schreib fünf Sätze über deine Familie.

September
der September

Autumn begins in September.
Im September beginnt der Herbst.

The Serpentine
The Serpentine

The Serpentine is a river in Hyde Park, London.
The Serpentine ist ein Fluss im Hyde Park, London.

to serve
servieren

The waitress serves the soup.
Die Kellnerin serviert die Suppe.

serviette
die Serviette

Grandma is folding the serviette.
Oma faltet die Serviette.

seven
sieben

17
seventeen
siebzehn

70
seventy
siebzig

to shake
schütteln; erschüttern

Shake your hands, then shake your legs.
Schüttel deine Hände, dann schüttel deine Beine.

shampoo
das Shampoo

The shampoo smells like peaches.
Das Shampoo riecht nach Pfirsich.

shamrock
das Kleeblatt

In Ireland people say four-leafed shamrocks bring you luck.
In Irland sagt man, dass vierblättrige Kleeblätter Glück bringen.

S

shapes
die Formen

Circles, triangles, and squares are shapes.
Kreise, Dreiecke und Quadrate sind Formen.

shark
der Hai

Quick! Get out of the water! There's a shark!
Schnell! Kommt raus aus dem Wasser! Da ist ein Hai!

sharp
scharf

Be careful! The knife is sharp.
Sei vorsichtig! Das Messer ist scharf.

to sharpen
anspitzen

I have to sharpen my pencil.
Ich muss meinen Bleistift anspitzen.

sharpener
der Anspitzer

I've broken my pencil. Where's the sharpener?
Mein Bleistift ist kaputt. Wo ist der Anspitzer?

she
sie

That's Lilly. She's my aunt.
Das ist Lilly. Sie ist meine Tante.

shed
der Schuppen

The bike is in the shed.
Das Fahrrad steht im Schuppen.

sheep
das Schaf

The sheep are on the hill.
Die Schafe sind auf dem Hügel.

sheet of paper
das Blatt Papier,
der Zettel

That is a blank sheet of paper.
Das ist ein leeres Blatt Papier.

shelf
das Regal

Dad is building a shelf.
Papa baut ein Regal.

to shine
scheinen, leuchten

The sun is shining.
Die Sonne scheint.

ship
das Schiff

The ship is called "Seagull".
Das Schiff heißt „Seemöwe".

shirt
das Hemd

Put on a clean shirt, please!
Zieh dir bitte ein sauberes Hemd an!

shoe
der Schuh

Grandad is cleaning his shoes.
Opa putzt seine Schuhe.

(a pair of) shoes
(ein Paar) Schuhe

Ben has six pairs of shoes.
Ben hat sechs Paar Schuhe.

S

to shoot
schießen

Ben is shooting monsters in his video game.
Ben schießt auf Monster in seinem Videospiel.

shop
der Laden

That shop sells toys. Can we go in, please?
Das ist ein Laden für Spielzeug. Können wir bitte reingehen?

shop assistant
der Verkäufer, die Verkäuferin

The shop assistant is showing Tim a teddy bear.
Der Verkäufer zeigt Tim einen Teddybären.

shopping
der Einkauf

Ben and Lisa help Mum carry the shopping.
Ben und Lisa helfen Mama, den Einkauf zu tragen.

shopping bag
die Einkaufstüte

Dad is carrying the shopping bag.
Papa trägt die Einkaufstüte.

shopping list
die Einkaufsliste

Here is a shopping list.
Hier ist eine Einkaufsliste.

short
kurz

Tortoises have short legs.
Schildkröten haben kurze Beine.

shorts
die Shorts, die kurze Hose

I like to wear shorts in the summer.
Im Sommer trage ich gerne Shorts.

shoulder
die Schulter

The baby is sitting on Dad's shoulders.
Das Baby sitzt auf Papas Schultern.

to shout
laut rufen,
schreien

Ben is shouting for Sam.
Ben ruft laut nach Sam.

show
die Vorstellung

**The show is over.
Everybody is clapping.**
Die Vorstellung ist zu
Ende. Alle klatschen.

shower
die Dusche

**There is a shower over
there on the beach.**
Da drüben am Strand
ist eine Dusche.

S

to have a shower
duschen

**Lisa has a shower
every morning.**
Lisa duscht jeden
Morgen.

shuttlecock
der Federball

**Badminton players
need a shuttlecock.**
Badmintonspieler
brauchen einen
Federball.

sick
krank

Mia is feeling sick.
Mia fühlt sich krank.

sights
die Sehenswürdig-
keiten

**Let's go to London
and see the sights!**
Lasst uns nach London
gehen und die
Sehenswürdigkeiten
anschauen.

sign
das Schild

**The sign says
"No Swimming".**
Auf dem Schild steht
„Baden verboten".

sign post
der Wegweiser

**The sign post is
pointing to the right.**
Der Wegweiser
zeigt nach rechts.

singer
der Sänger,
die Sängerin

**The singer is wearing a
gold and silver dress.**
Die Sängerin trägt ein
gold- und silberfarbenes
Kleid.

silly
albern, dumm

That's just silly!
Das ist einfach albern!

to sing
singen

**Dad is singing
in the shower.**
Papa singt in
der Dusche.

sink
das Waschbecken

I want to wash my teddy in the sink.
Ich möchte meinen Teddy im Waschbecken waschen.

sister
die Schwester

Mia is Tim's sister.
Mia ist Tims Schwester.

to sit
sitzen

The baby is sitting in the high chair.
Das Baby sitzt auf dem Kinderstuhl.

6
six
sechs

16
sixteen
sechzehn

60
sixty
sechzig

size
die Größe

What size are your shoes?
Welche Größe haben deine Schuhe?

skateboard
das Skateboard

Tim's skateboard has neon orange wheels.
Tims Skateboard hat neon-orange Räder.

skateboarding (skating)
das Skateboard fahren

Do you want to come skateboarding?
Willst du mitkommen, Skateboard fahren?

to ski
Ski laufen

Lisa can't ski very well.
Lisa kann nicht gut Ski laufen.

skiing
das Skifahren

Dad likes to watch skiing on TV.
Papa schaut gerne Skifahren im Fernsehen.

skin
die Haut

The sun turns your skin brown.
Die Sonne bräunt deine Haut.

S

to skip
seilspringen

**Mia likes to skip
in the playground.**
Mia springt gerne mit
dem Springseil auf
dem Spielplatz.

skipping games
das Seilhüpfen

**The girls love to play
skipping games.**
Die Mädchen lieben
Seilhüpfen.

skirt
der Rock

**I don't like my
school skirt.**
Ich mag meinen
Schulrock nicht.

S

sky
der Himmel

**The sky is a beautiful
blue.**
Der Himmel ist schön
blau.

skyscraper
der Wolkenkratzer

**How many skyscrapers
are there in New York?**
Wie viele Wolkenkratzer
gibt es in New York?

sledge
der Schlitten

**Mia races down the
hill on her sledge.**
Mia rast auf ihrem
Schlitten den Hügel
hinunter.

sledging
das Schlitten-
fahren

**Sledging in winter
is fun!**
Schlittenfahren im
Winter macht Spaß!

to sleep
schlafen

**We're sleeping in our
sleeping bags tonight.**
Wir schlafen heute
Nacht in unseren
Schlafsäcken.

slice
die Scheibe,
das Stück

**Would you like to eat
a slice of cake, Ben?**
Möchtest du ein Stück
Kuchen essen, Ben?

to slide (down)
(herunter)-
rutschen

**Sam is sliding down
the slide.**
Sam rutscht die
Rutsche herunter.

slipper
der Hausschuh

**There is a mouse
in the slipper!**
Im Hausschuh sitzt
eine Maus!

slow
langsam

**The snail moves
slowly forward.**
Die Schnecke kommt
langsam voran.

S

small
klein

Tim is smaller than Mia.
Tim ist kleiner als Mia.

smell
der Geruch

I know that smell!
Den Geruch kenne ich!

to smell
riechen

That smells good!
Das riecht gut!

to smile
lächeln

The baby is smiling at Mum.
Das Baby lächelt Mama an.

snack
der Snack,
der Imbiss

What kind of snack would you like to eat?
Welchen Snack möchtest du essen?

snack bar, stall
die Imbissbude,
der Imbissstand

Let's stop at the next snack bar. I'm hungry.
Lasst uns am nächsten Imbissstand anhalten. Ich habe Hunger.

snake
die Schlange

The snake has a long tongue.
Die Schlange hat eine lange Zunge.

sneakers (AE)
die Turnschuhe

Ben is dreaming of a new pair of sneakers.
Ben träumt von neuen Turnschuhen.

to sneeze
niesen

Mr Abraham has to sneeze.
Herr Abraham muss niesen.

snorkel
der Schnorchel

Mum, I forgot to pack my snorkel!
Mama ich hab vergessen, meinen Schnorchel einzupacken.

to snow
schneien

It's snowing!
Es schneit!

snowball
der Schneeball

The children are throwing snowballs.
Die Kinder werfen Schneebälle.

155

S

snowball fight
die Schneeball-schlacht

The children are all having a snowball fight.
Die Kinder veranstalten alle eine Schneeball-schlacht.

snowboard
das Snowboard

Snowboarding on a snowboard **is fun!**
Snowboard fahren macht Spaß!

snowflake
die Schneeflocke

Tim has snowflakes **in his hair.**
Tim hat Schneeflocken im Haar.

snowman
der Schneemann

The snowman **has a carrot nose.**
Der Schneemann hat eine Karottennase.

snowy
verschneit

Wear your boots, it's snowy **outside.**
Zieh deine Stiefel an, draußen ist es verschneit.

so
so, deshalb, also

Look there's snow – so **we can make a snowman.**
Schau, es gibt Schnee – wir können also einen Schneemann bauen.

soap
die Seife

The soap **smells like vanilla.**
Die Seife duftet nach Vanille.

sock
die Socke

There's a hole in my sock!
Da ist ein Loch in meiner Socke!

socks
die Socken

Ben has three socks. **That's strange.**
Ben hat drei Socken. Das ist seltsam.

(a pair of) socks
(ein Paar) Socken

Carl had a pair of socks **for Christmas.**
Carl hat ein Paar Socken zu Weihnachten bekommen.

sofa
das Sofa

Mia is sleeping on the comfortable sofa.
Mia schläft auf dem bequemen Sofa.

soft
weich

The sofa is soft.
Das Sofa ist weich.

soft drink
das Erfrischungs-
getränk

**Coke and lemonade
are soft drinks.**
Cola und Limonade sind
Erfrischungsgetränke.

some
etwas, einige

**Can I have some jam
on my toast, please?**
Kann ich bitte etwas
Marmelade auf meinem
Toast haben?

somersault
der Purzelbaum

**The monkey does
a somersault.**
Der Affe macht
einen Purzelbaum.

S

something
etwas

**Would you like
something to eat?**
Möchtest du etwas
essen?

sometimes
manchmal

**Grandad sometimes
goes into the sauna.**
Opa geht manchmal
in die Sauna.

somewhere
irgendwo

**Mum put her scarf
somewhere. But where?**
Mama hat ihren Schal
irgendwo hingelegt.
Aber wo?

son
der Sohn

Dad is Grandad's son.
Papa ist Opas Sohn.

song
das Lied

**That is my favourite
song.**
Das ist mein
Lieblingssong.

soon
bald

**I hope we'll see each
other again soon.**
Ich hoffe, wir sehen
uns bald wieder.

sore throat
die Halsschmerzen

**Herbal tea helps when
you have a sore throat.**
Kräutertee hilft bei
Halsschmerzen.

sorry
traurig, betrübt

**Mia feels sorry for
shouting at Sam.**
Mia ist betrübt, weil sie
Sam angeschrien hat.

to sort
sortieren

**Sort the beads into
the boxes!**
Sortiere die Perlen
in die Kisten!

sound
der Klang,
das Geräusch

What is that sound?
Was ist das für ein
Geräusch?

soup
die Suppe

**Susie is eating hot
soup for lunch.**
Susie isst heiße Suppe
zum Mittagessen.

sour
sauer

Lemons taste sour.
Zitronen schmecken
sauer.

S

South Africa
Südafrika

**There are many wild
animals in South Africa.**
Es gibt viele wilde Tiere
in Südafrika.

souvenir
das Souvenir,
das Andenken

**Please bring me a
souvenir from London.**
Bitte bring mir ein Sou-
venir aus London mit.

to sow
säen

**Do you want to help
me sow the seeds?**
Möchtest du mir helfen,
die Samen zu säen?

space
der Weltraum

I'd like to go into space.
Ich möchte in den
Weltraum fahren.

spaceship
das Raumschiff

**The aliens have a very
small spaceship.**
Die Aliens haben ein
sehr kleines Raumschiff.

space shuttle
die (Welt)Raum-
fähre,
das Spaceshuttle

**How many astronauts
are there in the space
shuttle?**
Wie viele Astronauten
sind in dem Space-
shuttle?

spade
der Spaten

**There's a bird sitting
on the spade.**
Da sitzt ein Vogel
auf dem Spaten.

spaghetti
die Spaghetti

**My favourite way to
eat spaghetti is with
tomato sauce.**
Ich esse Spaghetti am
liebsten mit Tomaten-
soße.

Spain
Spanien

**Grandma sent us a
postcard from Spain.**
Oma hat uns eine
Postkarte aus Spanien
geschickt.

Spanish
Spanisch

Dad can speak Spanish.
Papa kann Spanisch
sprechen.

to speak
sprechen

Can you please
speak **slowly?**
Kannst du bitte
langsam sprechen?

Speakers' Corner
der Speakers'
Corner

Speakers' Corner **is
a place in London.**
Speakers' Corner ist
ein Platz in London.

S

special
besondere, beson-
derer, besonderes

Today is a very
special **day.**
Heute ich ein sehr
besonderer Tag.

special days
besondere Tage

I marked the special
days **in red in my diary.**
Ich habe die beson-
deren Tage in meinem
Kalender rot markiert.

spelling
das Buchstabieren

Today we are practising
spelling.
Heute üben wir das
Buchstabieren.

to spend time
Zeit verbringen

I like to spend time
with Grandma.
Ich verbringe gerne Zeit
mit Oma.

spider
die Spinne

The spider **is waiting
for a fly.**
Die Spinne wartet
auf eine Fliege.

to spit
spucken

Don't spit **in the
playground.**
Spuck nicht auf
dem Spielplatz.

to splash
spritzen

Ben is splashing
Lisa with water.
Ben bespritzt Lisa
mit Wasser.

sponge
der Schwamm

**Tim is washing his
face with the** sponge.
Tim wäscht sein Gesicht
mit dem Schwamm.

spoon
der Löffel

**It's difficult to eat
spaghetti with a** spoon.
Es ist schwer, Spaghetti
mit einem Löffel zu
essen.

159

sport
der Sport

**Football is a
great sport.**
Fußball ist ein
großartiger Sport.

sports shop
das Sportgeschäft

**Can I buy a snorkel
in the sports shop?**
Kann ich einen
Schnorchel im Sport-
geschäft kaufen?

spot
der Fleck

**There is a big black
spot on the blanket.**
Da ist ein großer
schwarzer Fleck auf
der Decke.

spread
der Brotaufstrich

**Can I have some choco-
late spread, please?**
Kann ich bitte etwas
Schokoladenbrotauf-
strich haben?

sprig
der kleine Zweig

**Add a sprig of mint
to the soup.**
Füge einen Zweig Minze
zur Suppe hinzu.

spring
der Frühling

**Daisies flower in the
spring.**
Im Frühling blühen
die Gänseblümchen.

spring
die Quelle

**The water from the
spring is very cold.**
Das Wasser von der
Quelle ist sehr kalt.

to sprinkle
streuen

**Mum sprinkles some
chocolate chips on
the cake.**
Mama streut ein paar
Schokoladenstückchen
auf den Kuchen.

square
das Spielfeld,
das Quadrat

**Go forward four
squares.**
Rücke vier Spielfelder
nach vorne.

to squeak
quieken

**The piglet is squeaking
loudly.**
Das Ferkel quiekt laut.

squirrel
das Eichhörnchen

**The squirrel is jumping
from branch to branch.**
Das Eichhörnchen
springt von Ast zu Ast.

St Patrick's Day
der St. Patrick's
Day

**St Patrick's Day is
celebrated on March
17th.**
St. Patrick's Day wird
am 17. März gefeiert.

stairs
die Treppe,
die Stufen

**The staircase has
twelve stairs.**
Die Treppe hat
zwölf Stufen.

stamp
die Briefmarke

**I'm sticking a stamp
on the postcard.**
Ich klebe eine Briefmar-
ke auf die Postkarte.

to stand
stehen

**Can you stand
on one leg?**
Kannst du auf einem
Bein stehen?

S

**to stand for
something**
für etwas stehen

**USA stands for the
United States of
America.**
USA steht für die United
States of America.

to stand up
aufstehen

Stand up, please!
Steht bitte auf!

star
der Stern

**Can you see the giant
star up there?**
Siehst du den großen
Stern da oben?

starfish (sea star)
der Seestern

Starfish have five arms.
Seesterne haben fünf
Arme.

starring
in den Rollen,
die Besetzung

**Snow White: starring
Mia as the queen.**
Schneewittchen:
mit Mia in der Rolle
der Königin.

Stars and Stripes
die Flagge der USA

**The "Stars and Stripes"
is the flag of the USA.**
Die „Stars and Stripes"
ist die Flagge der USA.

to start
anfangen,
beginnen

The race is starting!
Das Rennen beginnt!

starter
die Vorspeise

**Mia wants soup as
her starter.**
Mia möchte Suppe
als Vorspeise.

state
der Staat

**How many states
are there in the USA?**
Wie viele Staaten
gibt es in den USA?

station
der Bahnhof

Our city has a train station.
Unsere Stadt hat einen Bahnhof.

to stay
bleiben

Mia is staying at home because she's ill.
Mia bleibt heute zu Hause, weil sie krank ist.

to stay fit
fit bleiben

Carl is trying to stay fit.
Carl versucht, fit zu bleiben.

steak
das Steak

The steaks are on the grill.
Die Steaks liegen auf dem Grill.

to steal
stehlen

The thief is stealing the bag!
Der Dieb stiehlt die Tasche!

steeple hat
der Spitzhut

Lisa likes to dress up as a witch and wear a steeple hat for Halloween.
Lisa verkleidet sich gerne als eine Hexe und trägt einen Spitzhut zu Halloween.

stem
der Stiel

The red tulip has a long stem.
Die rote Tulpe hat einen langen Stiel.

step
der Schritt

You have to take three steps.
Du musst drei Schritte machen.

stepmother
die Stiefmutter

Dad's new wife is my stepmother.
Papas neue Frau ist meine Stiefmutter.

to stick
kleben, aufkleben

Mia's sticking pictures into her book.
Mia klebt Bilder in ihr Buch.

sticker
der Sticker,
der Aufkleber

Susie has got some star and moon stickers.
Susie hat ein paar Stern- und Mondaufkleber.

sticky
klebrig

The sweets are sticky.
Die Bonbons sind klebrig.

(house on) stilts
Pfahlbau

Look at this picture of a house on stilts.
Schau dir dieses Bild eines Pfahlbaus an.

stocking
der Strumpf

The stockings are hanging from the fireplace.
Die Strümpfe hängen am Kamin.

stomach
der Bauch,
der Magen

Ben's stomach aches. He has eaten too much ice cream.
Bens Magen tut weh. Er hat zu viel Eis gegessen.

S

to stomp
(auf)stampfen,
trampeln

Don't stomp your feet! You'll wake the baby.
Stampf nicht mit deinen Füßen! Du weckst das Baby auf.

stone
der Stein

The stone has a hole in the middle.
Der Stein hat ein Loch in der Mitte.

to stop
anhalten

The police officer is stopping the car.
Der Polizist hält das Auto an.

Stop it!
Hör auf (damit)!

Stop it! I already said no!
Hör auf damit! Ich habe schon nein gesagt!

stopwatch
die Stoppuhr

Our sports teacher has got a stopwatch.
Unser Sportlehrer hat eine Stoppuhr.

storm
der Sturm

The storm is bending the trees.
Der Sturm biegt die Bäume.

story
die Geschichte

I would like to hear the story again.
Die Geschichte möchte ich noch mal hören.

straight
glatt

Mia has straight hair.
Mia hat glatte Haare.

straight ahead
geradeaus

Look straight ahead! What do you see?
Schau geradeaus! Was siehst du?

163

straw
das Stroh

The mice have made a nest in the straw.
Die Mäuse haben sich ein Nest im Stroh gemacht.

strawberry
die Erdbeere

I would like strawberries with cream, please!
Ich möchte bitte Erdbeeren mit Sahne!

street
die Straße

The lorry is parked in the middle of the street.
Der Lkw parkt mitten auf der Straße.

S

to stretch
sich strecken

Stretch your arms above your head.
Streck deine Arme über deinen Kopf.

to strike, struck
schlagen, schlug

The clock just struck twelve o'clock.
Die Uhr hat gerade 12 geschlagen.

string
die Schnur

There are beads on the string.
An der Schnur hängen Perlen.

striped
gestreift

Zebras look like striped horses.
Zebras sehen aus wie gestreifte Pferde.

strong
stark, kräftig

Aunt Lilly is a strong woman.
Tante Lilly ist eine starke Frau.

stupid
dumm

It's not polite to call someone stupid.
Es ist nicht höflich, jemanden dumm zu nennen.

subject
das Unterrichts-fach

How many subjects do you have at school?
Wie viele Unterrichtsfächer hast du in der Schule?

suddenly
plötzlich

Suddenly it started to rain.
Plötzlich fing es zu regnen an.

sugar
der Zucker

There is a lot of sugar in cola.
In Cola ist viel Zucker.

suitcase
der Koffer

**Aunt Lilly is packing
her suitcase.**
Tante Lilly packt ihren
Koffer.

summer
der Sommer

**It's summer at last! It's
the school holidays!**
Endlich ist es Sommer!
Wir haben Ferien!

sun
die Sonne

**Good morning!
The sun is coming up.**
Guten Morgen!
Die Sonne geht auf.

to sunbathe
sich sonnen

**Kitty likes to sunbathe
in the garden.**
Kitty mag es, sich im
Garten zu sonnen.

Sunday
der Sonntag

**Sunday is a work-free
day for many people.**
Sonntag ist ein freier
Tag für viele Menschen.

sunflower
die Sonnenblume

**Sunflowers are
big and yellow.**
Sonnenblumen sind
groß und gelb.

sunglasses
die Sonnenbrille

**Mum is wearing
cool sunglasses.**
Mama hat eine coole
Sonnenbrille auf.

sunny
sonnig

**Hooray, it's going to
be sunny tomorrow!**
Hurra, morgen wird
es sonnig!

sunshine
der Sonnenschein

**The flowers need
lots of sunshine.**
Die Blumen brauchen
viel Sonnenschein.

suntan lotion
die Sonnencreme

**Is Carl using the
suntan lotion?**
Benutzt Carl die
Sonnencreme?

supermarket
der Supermarkt

**There's a car park
in front of the
supermarket.**
Vor dem Supermarkt
gibt es einen Parkplatz.

sure
sicher

Are you sure?
Bist du sicher?

to surf
surfen

Surfing on the waves is lots of fun!
Auf den Wellen zu surfen macht großen Spaß!

surfboard
das Surfbrett

Susie's surfboard was a present from her uncle.
Susies Surfbrett war ein Geschenk von ihrem Onkel.

surfing the Internet
im Internet surfen

Grandad likes to surf the Internet.
Opa surft gerne im Internet.

S

surprise
die Überraschung

Lisa and Ben have got a surprise for their parents.
Lisa und Ben haben eine Überraschung für ihre Eltern.

to do a survey
eine Umfrage machen

We're doing a survey about holidays.
Wir machen eine Umfrage über Ferien.

to swap
tauschen

Would you like to swap some stickers with me?
Möchtest du ein paar Aufkleber mit mir tauschen?

sweatshirt
das Sweatshirt

Carl wears a sweatshirt when he does sport.
Carl trägt ein Sweatshirt, wenn er Sport macht.

sweet
das Bonbon

We shouldn't eat so many sweets.
Wir sollen nicht so viele Bonbons essen.

sweet
süß

The cherries taste sweet.
Die Kirschen schmecken süß.

sweets
die Süßigkeiten

We buy sweets with our pocket money.
Wir kaufen mit unserem Taschengeld Süßigkeiten.

sweet shop
das Süßwaren-geschäft

The sweet shop is on the corner.
Das Süßwarengeschäft ist an der Ecke.

to swim
schwimmen

Tim is learning to swim.
Tim lernt schwimmen.

swimming
das Schwimmen

Swimming in the sea is fun.
Schwimmen im Meer macht Spaß.

swimming club
der Schwimm-verein

Ben and Henry are in the swimming club.
Ben und Henry sind im Schwimmverein.

swimming costume
der Badeanzug

The swimming costume has black dots.
Der Badeanzug hat schwarze Punkte.

S

swimming pool
das Schwimm-becken

The baby is splashing about in the swimming pool.
Das Baby planscht im Schwimmbecken.

swimming shorts
die Badehose

Ben's swimming shorts are much too big!
Bens Badehose ist viel zu groß!

swimming trunks
die Badehose

Ben, have you got your swimming trunks?
Ben, hast du deine Badehose?

swimsuit
der Badeanzug

Susie is looking for her swimsuit.
Susie sucht ihren Badeanzug.

swing
die Schaukel

Mia is sitting on the swing.
Mia sitzt auf der Schaukel.

to switch
umschalten

Can you switch the channel?
Kannst du mal umschalten?

Switzerland
die Schweiz

The are snowy mountains in Switzerland.
In der Schweiz gibt es schneebedeckte Berge.

sword
das Schwert

Tim's sword is made of wood.
Tims Schwert ist aus Holz.

symbol
das Symbol

What does that symbol mean?
Was bedeutet dieses Symbol?

table
der Tisch

**The table has only
three legs.**
Der Tisch hat nur
drei Beine.

tablecloth
das Tischtuch

The tablecloth is dirty!
Das Tischtuch ist
dreckig!

table tennis
das Tischtennis

**Can you teach me
to play table tennis?**
Kannst du mir
beibringen,Tischtennis
zu spielen?

tail
der Schwanz

**Sam is trying to
catch his tail.**
Sam versucht, seinen
Schwanz zu fangen.

to take
nehmen

**You can take a piece
of cake if you want.**
Du kannst dir gerne ein
Stück Kuchen nehmen.

to take care
aufpassen

**Sam is taking care
of the baby.**
Sam passt auf das
Baby auf.

to take off
sich ausziehen,
etwas ausziehen

**Take off your shoes
before you go indoors.**
Zieh deine Schuhe aus,
bevor du reingehst.

to take sth out
etwas entfernen,
etwas heraus-
nehmen

**Take the money out
of my purse, please.**
Nimm dir bitte das Geld
aus meinem Geldbeutel.

to take turns
sich abwechseln

**Don't fight! Take turns
with the ball.**
Kämpft nicht! Wechselt
euch mit dem Ball ab.

T

to talk
sprechen

**I would like to talk to
Mrs Smith, please!**
Ich möchte bitte mit
Frau Smith sprechen!

tall
groß, lang

**The giraffe is very,
very tall.**
Die Giraffe ist sehr,
sehr groß.

tap
der Wasserhahn

The tap is dripping!
Der Wasserhahn tropft!

to taste
schmecken

Mmh. This tastes delicious.
Mmh. Das schmeckt köstlich.

taxi
das Taxi

The taxi is waiting at the train station.
Das Taxi wartet am Bahnhof.

tea
der Tee

I like to drink tea in the morning.
Morgens trinke ich gerne Tee.

T

to teach
unterrichten

Mr Abraham is teaching us the rules of football.
Herr Abraham bringt uns die Fußballspielregeln bei.

teacher
der Lehrer, die Lehrerin

Mr Abraham is our PE teacher.
Herr Abraham ist unser Sportlehrer.

team
die Mannschaft

A football team has eleven players.
Eine Fußballmannschaft hat elf Spieler.

teaspoon
der Teelöffel

Lisa eats her ice cream with a teaspoon.
Lisa isst ihr Eis mit einem Teelöffel.

teddy bear
der Teddybär

My teddy bear is waiting for me to come home from school.
Mein Teddybär wartet darauf, dass ich von der Schule nach Hause komme.

teenager
der Teenager

Teenagers have to go to school, too.
Auch Teenager müssen zur Schule gehen.

teeth
die Zähne

The baby has got three teeth.
Das Baby hat drei Zähne.

telephone
das Telefon

The telephone is ringing!
Das Telefon klingelt!

television
der Fernseher

There is a sports programme on television.
Im Fernsehen läuft eine Sportsendung.

to tell
erzählen

Please tell us the story again!
Bitte erzähl uns die Geschichte noch mal!

to tell the time
die Uhrzeit sagen

Do you know how to tell the time?
Weißt du, wie man die Uhrzeit sagt?

temperature
die Temperatur

Phew, it's hot! What's the temperature?
Puh, ist das heiß! Wie warm ist es?

10
ten
zehn

tennis
das Tennis

Lisa likes to play tennis.
Lisa spielt gerne Tennis.

tennis ball
der Tennisball

Sam always runs away with the tennis ball.
Sam rennt immer mit dem Tennisball weg.

tennis court
der Tennisplatz

Why is there a cat on the tennis court?
Wieso ist da eine Katze auf dem Tennisplatz?

tennis player
der Tennisspieler, die Tennisspielerin

Lisa is a good tennis player.
Lisa ist eine gute Tennisspielerin.

tennis racket
der Tennisschläger

Tennis players need a tennis racket.
Tennisspieler brauchen einen Tennisschläger.

tent
das Zelt

The tent is in the garden.
Das Zelt steht im Garten.

terraced houses
die Reihenhäuser

Are there any terraced houses in your street?
Gibt es Reihenhäuser in deiner Straße?

test
die Klassenarbeit

We have an English test tomorrow.
Wir haben morgen eine Klassenarbeit in Englisch.

text
der Text

Susie, read the text out loud, please.
Susie, bitte lies den Text laut vor.

than
als

I'm taller than you!
Ich bin größer als du!

thankful
dankbar

On Thanksgiving, we are thankful for our family and friends.
Zum Erntedankfest sind dankbar für unsere Familie und Freunde.

Thanksgiving
das Erntedankfest

Thanksgiving is a special day in the USA.
Das Erntedankfest ist ein besonderer Tag in den USA.

thank you, thanks
danke

Thank you very much!
Danke schön!

Thank you so much!
Vielen Dank!

That's a beautiful present. Thank you so much!
Das ist ein schönes Geschenk. Vielen Dank!

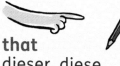

that
dieser, diese, dieses, der, die, das

Can you please give me that pen?
Kannst du mir bitte diesen Stift geben?

the
der, die, das

The mother and the father are playing with the baby.
Die Mutter und der Vater spielen mit dem Baby.

theatre
das Theater

In the theatre, the curtains are opening.
Im Theater geht der Vorhang auf.

their
ihr, ihre

The children are changing their clothes.
Die Kinder wechseln ihre Kleidung.

them
sie, ihnen

Please tell them to hurry up.
Bitte sag ihnen, dass sie sich beeilen sollen.

then
dann

What did you do then?
Was hast du dann gemacht?

there
dort(hin), da(hin)

Put the game over there, please.
Bitte leg das Spiel dorthin.

there are
es gibt, da sind

There are seven days in a week.
Es gibt sieben Tage in einer Woche.

there is
es gibt, da ist

There is a playground in the park.
Da ist ein Spielplatz im Park.

these
diese, die

Whose shoes are these?
Wem gehören diese Schuhe?

they
sie

They belong to Dad!
Sie gehören Papa!

thick
dick

This is a thick book.
Das ist ein dickes Buch.

T

thief
der Dieb, die Diebin

Then the thief runs away with the money.
Dann rennt der Dieb mit dem Geld weg.

thin
dünn

This man is very thin.
Dieser Mann ist sehr dünn.

thing
das Ding

What is that thing?
Was ist das für ein Ding?

to think
denken, glauben, meinen

What are you thinking about?
Woran denkst du?

thirsty
durstig

It's very hot today and Sam is thirsty.
Heute ist es sehr heiß und Sam ist durstig.

13

thirteen
dreizehn

173

30
thirty
dreißig

this
dieser, diese, dieses

This hat belongs to Ben.
Diese Mütze gehört Ben.

this is the way
so

This is the way to do it.
So macht man das.

3
three
drei

through
durch

The car is driving **through** the tunnel.
Das Auto fährt durch den Tunnel.

throughout
durchgehend, in ganz …

The sales are on **throughout** January.
Der Schlussverkauf findet durchgehend im Januar statt.

T

---

to throw
werfen

The goalkeeper is **throwing** the ball.
Der Torwart wirft den Ball.

thumb
der Daumen

The baby is sucking its **thumb**.
Das Baby lutscht am Daumen.

thunderstorm
das Gewitter

What a loud **thunderstorm**!
Was für ein lautes Gewitter!

---

thundery
gewittrig

It's going to be **thundery** tonight.
Es wird heute Nacht gewittrig sein.

Thursday
der Donnerstag

Thursday is the fourth day of the week.
Donnerstag ist der vierte Tag der Woche.

tick
der Haken

Please put a **tick** in the boxes.
Mach bitte einen Haken in die Kästchen.

ticket
die Fahrkarte

May I see your ticket?
Darf ich Ihre Fahrkarte
sehen?

to tickle
kitzeln

**Tim is tickling
Grandad's feet.**
Tim kitzelt Opas Füße.

tick-tock
ticktack

**Tick-tock, tick-tock
goes the clock.**
Ticktack, ticktack
macht die Uhr.

tidy
ordentlich

**The desk looks very
tidy.**
Der Schreibtisch sieht
sehr ordentlich aus.

to tidy up
aufräumen

**Please tidy up
your room!**
Bitte räum dein
Zimmer auf!

to tie
etwas binden,
umbinden

**Mum ties the balloons
to the fence.**
Mama bindet die
Ballons an den Zaun.

tiger
der Tiger

**The tiger is a big
stripy cat.**
Der Tiger ist eine große
gestreifte Katze.

tights
die Strumpfhose

**These tights are
too small!**
Diese Strumpfhose
ist zu klein!

till
bis

**I'm staying at school
today till 3 o'clock.**
Ich bleibe heute bis
15 Uhr in der Schule.

time
die Zeit

What time is it?
Wie spät ist es?

timetable
der Stundenplan

This is Ben's timetable.
Das ist Bens Stunden-
plan.

tin
die Dose

**The old tin belongs in
the recycling bin.**
Die alte Dose gehört in
die Wertstofftonne.

tip
der Tipp,
der Rat(schlag)

**What's the answer?
I need a tip.**
Was ist die Antwort?
Ich brauche einen Tipp.

tired
müde

Mia is too tired to play.
Mia ist zu müde zum
Spielen.

to
zu

**Are you also coming to
Susie's birthday party?**
Kommst du auch zu
Susies Geburtstagsfeier?

T

toast
der Toast

**The toast is popping
out of the toaster.**
Der Toast springt
aus dem Toaster.

today
heute

**What are we doing
today?**
Was machen wir heute?

toe
der Zeh

**Tim can wiggle his
big toe.**
Tim kann mit dem
großen Zeh wackeln.

together
zusammen

**Let's sing the
song together.**
Lasst uns das Lied
zusammen singen.

toilet
die Toilette

The toilet is occupied.
Die Toilette ist besetzt.

toilet paper
das Toiletten-
papier

**The baby is playing
with the toilet paper.**
Das Baby spielt mit dem
Toilettenpapier.

tomato
die Tomate

**Grandad is making
tomato soup.**
Opa macht eine
Tomatensuppe.

tomorrow
morgen

**We want to go to the
cinema tomorrow.**
Wir wollen morgen
ins Kino gehen.

ton
die Tonne

**The horse can pull
20 tons.**
Das Pferd kann
20 Tonnen ziehen.

tongue
die Zunge

Mia is sticking out her tongue.
Mia streckt die Zunge raus.

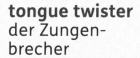

tongue twister
der Zungen-brecher

Can you say the tongue twister?
Kannst du den Zungen-brecher aufsagen?

tonight
heute Abend

We're playing cards tonight.
Heute Abend spielen wir Karten.

too
auch

I like you, too.
Ich mag dich auch.

tooth
der Zahn

Tim has a wobbly tooth!
Tim hat einen Wackel-zahn!

toothache
die Zahnschmer-zen

Carl has a toothache.
Carl hat Zahnschmer-zen.

T

toothbrush
die Zahnbürste

I have a red toothbrush. Ben's toothbrush is green.
Ich habe eine rote Zahnbürste. Bens Zahnbürste ist grün.

tooth fairy
die Zahnfee

Put your tooth under your pillow for the tooth fairy.
Tu deinen Zahn unter dein Kissen für die Zahnfee.

toothpaste
die Zahnpasta

I'm squeezing toothpaste onto the toothbrush.
Ich drücke Zahnpasta auf die Zahnbürste.

torch
die Taschenlampe

Take your torch when you go camping.
Nimm deine Taschen-lampe mit, wenn du zelten gehst.

tortoise
die Schildkröte

Tortoises have short legs.
Schildkröten haben kurze Beine.

to touch
berühren

I touch the touchscreen with my fingertip.
Ich berühre den Touchscreen mit der Fingerspitze.

tour
die Tour,
der Rundgang

We're going on a tour of the football stadium.
Wir machen eine Tour durch das Fußballstadion.

tourist
der Tourist,
die Touristin

There are lots of tourists here.
Hier sind viele Touristen.

towel
das Handtuch

The towel is wet.
Das Handtuch ist nass.

T

tower
der Turm

How high is the tower?
Wie hoch ist der Turm?

Tower Bridge
die Tower Bridge

Tower Bridge crosses the river in London.
Die Tower Bridge überquert den Fluss in London.

The Tower of London
der Tower of London

The Queen's crown is in the Tower of London.
Die Krone der Queen ist im Tower of London.

town
die Stadt

We live in a town.
Wir wohnen in einer Stadt.

town hall
das Rathaus

There is a café next to the town hall.
Neben dem Rathaus gibt es ein Café.

toy
das Spielzeug

Mia's favourite toy is her polar bear.
Mias Lieblingsspielzeug ist ihr Eisbär.

toy animal
das Spielzeugtier

Lucy's favourite toy animal is her lion.
Lucys Lieblingsspielzeugtier ist ihr Löwe.

toyshop
der Spielzeugladen

There are lots of toys in the toyshop.
Es gibt viel Spielzeug im Spielzeugladen.

tractor
der Traktor

The tractor is going into the field.
Der Traktor fährt auf das Feld.

traditional
traditionell

Do you know any traditional dances?
Kennst du irgendwelche traditionellen Tänze?

Trafalgar Square
der Trafalgar Square

Trafalgar Square is in the middle of London.
Trafalgar Square ist in der Mitte von London.

traffic
der Verkehr

There is a lot of traffic on the main street.
Es gibt viel Verkehr auf der Hauptstraße.

traffic lights
die Ampel

The traffic lights are red.
Die Ampel zeigt Rot.

train
der Zug

The train is arriving at the station.
Der Zug kommt am Bahnhof an.

trainers
die Turnschuhe

Ooh! Your trainers smell!
Oh! Deine Turnschuhe riechen!

training
das Training

Ben, have you got football training today?
Ben, hast du heute Fußballtraining?

treason
der Verrat

The man went to prison for treason.
Der Mann musste wegen Verrat ins Gefängnis.

treasure
der Schatz

Do you know where the treasure is?
Weißt du, wo der Schatz ist?

treasure map
die Schatzkarte

Show me the treasure map!
Zeig mir die Schatzkarte!

treat
die Leckerei

Sweets are treats.
Süßigkeiten sind Leckereien.

tree
der Baum

There's a big old tree in the garden.
Im Garten steht ein großer alter Baum.

T

trick
der Trick, das Kunststück

Ha ha! That's a good trick!
Ha ha! Das ist ein guter Trick!

trip
der Ausflug

We're going on a trip to the museum.
Wir machen einen Ausflug zum Museum.

trolley
der Einkaufs-wagen

The trolley is full of groceries.
Der Einkaufswagen ist voller Lebensmittel.

trousers
die Hose

The trousers have a tear on the knee.
Die Hose hat einen Riss am Knie.

(a pair of) trousers
eine Hose

Henry needs a new pair of trousers.
Henry braucht eine neue Hose.

true
wahr

I don't believe you. It's not true!
Ich glaube dir nicht. Das ist nicht wahr!

trumpet
die Trompete

Dad plays the trumpet.
Papa spielt die Trompete.

trunk
der Rüssel

Elephants have a long trunk.
Elefanten haben einen langen Rüssel.

to try on
anprobieren

Mia is trying on a new T-shirt.
Mia probiert ein neues T-Shirt an.

T-shirt
das T-Shirt

I wear a different T-shirt every day.
Ich trage jeden Tag ein anderes T-Shirt.

Tuesday
der Dienstag

My class goes swimming every Tuesday.
Meine Klasse geht jeden Dienstag schwimmen.

tulip(s)
die Tulpe(n)

Red tulips grow in Grandad's garden.
Rote Tulpen wachsen in Opas Garten.

T

tummy
der Bauch

Tim's tummy hurts.
Tims Bauch tut weh.

tummy ache
das Bauchweh, die
Bauchschmerzen

**Too much ice-cream
gives you tummy ache.**
Zu viel Eiscreme
verursacht Bauchweh.

turkey
der Truthahn

**Americans eat turkey
at Thanksgiving.**
Amerikaner essen am
Erntedankfest Truthahn.

turn
die Reihenfolge

It's my turn!
Ich bin dran!

to turn around
(sich) umdrehen,
wenden

**This is the wrong
way. Turn around!**
Das ist der falsche
Weg. Dreh um!

to turn on
anschalten,
anmachen

**Please turn on
the computer!**
Mach bitte den
Computer an!

T

to turn right/left
nach rechts/links
abbiegen

**Turn right at the
traffic lights.**
Bieg an der Ampel
nach rechts ab.

TV (television)
das Fernsehen,
der Fernseher

**Do you watch TV
every day?**
Siehst Du jeden
Tag fern?

12

twelve
zwölf

20

twenty
zwanzig

2

two
zwei

tyre
der Reifen

**Dad needs to put
some air in the tyre.**
Papa muss etwas Luft
in den Reifen tun.

Ukraine
die Ukraine

Ukraine is east of Germany.
Die Ukraine ist östlich von Deutschland.

umbrella
der Regenschirm

Take an umbrella with you! It's going to rain.
Nimm einen Regenschirm mit! Es wird regnen.

uncle
der Onkel

Uncle Albert is Mia and Tim's father.
Onkel Albert ist Mias und Tims Vater.

under
unter

The cat is lying under the table.
Die Katze liegt unter dem Tisch.

underground
die U-Bahn

The underground goes underground.
Die U-Bahn fährt unter der Erde.

to underline
unterstreichen

Underline the correct answer.
Unterstreiche die richtige Antwort.

to understand
verstehen

Did you understand the question?
Hast du die Frage verstanden?

underwear
die Unterwäsche

Mia's grandma bought her some new underwear.
Mias Oma hat ihr neue Unterwäsche gekauft.

to unfold
entfalten

The butterfly unfolds its wings in the sun.
Der Schmetterling entfaltet seine Flügel in der Sonne.

U V

uniform
die Uniform

The police officer is wearing a dark blue uniform.
Die Polizistin trägt eine dunkelblaue Uniform.

United States of America (USA)
die Vereinigten Staaten von Amerika

The United States of America is a big country.
Die Vereinigten Staaten von Amerika sind ein großes Land.

until
bis

I went to nursery school until I was five years old.
Ich bin zum Kindergarten gegangen, bis ich fünf Jahre alt war.

up
hinauf, hoch

**The kite is flying
high up in the sky!**
Der Drachen steigt
hoch in den Himmel!

upstairs
oben

Aunt Lilly lives upstairs.
Tante Lilly wohnt oben.

up to
bis (zu)

**I can count up to
ten in English.**
Ich kann bis zehn
auf Englisch zählen.

Uranus
der Uranus

**Uranus is far away
from the sun.**
Uranus ist weit weg
von der Sonne.

us
uns

**He won't tell
us his name.**
Er will uns seinen
Namen nicht sagen.

to use
benutzen

**Aunt Lilly uses the lift
when she has heavy
shopping.**
Tante Lilly benutzt
den Fahrstuhl, wenn
sie schwere Sachen
eingekauft hat.

useful
nützlich

**String, tape, and
pencils are all
very useful things.**
Schnur, Klebeband
und Bleistifte sind alles
sehr nützliche Dinge.

usually
gewöhnlich,
normalerweise

**I usually ride my
bike to school.**
Ich fahre normalerweise
mit dem Fahrrad zur
Schule.

Valentine's Day
der Valentinstag

**Mia is making a
Valentine's Day card.**
Mia macht eine
Valentinstagskarte.

vampire
der Vampir

**Ben has a scary
vampire costume.**
Ben hat ein gruseliges
Vampirkostüm.

vanilla
die Vanille

**Grandma likes vanilla
ice cream best.**
Oma mag Vanilleeis
am liebsten.

vegetable
das Gemüse

**There's yummy vegeta-
ble soup for lunch.**
Zum Mittagessen gibt es
leckere Gemüsesuppe.

vegetable broth
die Gemüsebrühe

When you feel ill, just drink vegetable broth.
Wenn du dich krank fühlst, trink nur Gemüsebrühe.

Venus
die Venus

The planet Venus is near to the sun.
Der Planet Venus ist der Sonne nahe.

very
sehr

That was very nice of you.
Das war sehr nett von dir.

very much
sehr gerne

I like my grandparents very much.
Ich mag meine Großeltern sehr gerne.

village
das Dorf

The village has only five houses.
Das Dorf hat nur fünf Häuser.

vinegar
der Essig

Do you like salt and vinegar crisps?
Magst du Salz- und Essig-Chips?

U V

violet, violets
das Veilchen, die Veilchen

There are lots of violets in the woods.
Es gibt viele Veilchen in den Wäldern.

violin
die Geige

Mum plays the violin.
Mama spielt die Geige.

to visit
besuchen

Grandma is in the hospital. We visit her every day.
Oma ist im Krankenhaus. Wir besuchen sie jeden Tag.

visitor
der Besucher, die Besucherin

Our museum gets 20,000 visitors every year.
20.000 Besucher kommen jedes Jahr in unser Museum.

voice
die Stimme

Lisa has a lovely voice.
Lisa hat eine schöne Stimme.

volleyball
der Volleyball

Aunt Lilly plays volleyball every Tuesday.
Tante Lilly spielt jeden Dienstag Volleyball.

to wait
warten

The children are waiting for the bus.
Die Kinder warten auf den Bus.

I can't wait
ich kann es kaum erwarten

I can't wait till the holidays.
Ich kann die Ferien kaum erwarten.

waiter, waitress
der Kellner,
die Kellnerin

Where is the waiter? I can't see him.
Wo ist der Kellner? Ich kann ihn nicht sehen.

waiting room
das Wartezimmer

Where is the waiting room?
Wo ist das Wartezimmer?

to wake up
aufwecken,
aufwachen

Wake up! The sun is shining!
Aufwachen! Die Sonne scheint!

to walk
spazieren gehen

She likes to walk with Sam in the park.
Sie geht gerne im Park mit Sam spazieren.

walk
der Spaziergang

Lisa is taking Sam for a walk.
Lisa macht einen Spaziergang mit Sam.

to walk the dog
den Hund
spazieren führen

Ben doesn't want to walk the dog in the rain.
Ben will nicht den Hund im Regen spazieren führen.

wall
die Wand

There is a poster hanging on the wall.
An der Wand hängt ein Poster.

walnut
die Walnuss

The squirrel is stealing Tim's walnut.
Das Eichhörnchen klaut Tims Walnuss.

to want
wollen

I want to become a doctor.
Ich möchte Ärztin werden.

wardrobe
der Kleiderschrank

Who is hiding in the wardrobe?
Wer hat sich im Kleiderschrank versteckt?

warm
warm

It's nice and warm in front of the fireplace.
Am Kamin ist es schön warm.

to warn
warnen

We must warn everyone about the danger.
Wir müssen jeden vor der Gefahr warnen.

to wash
sich waschen

Lisa is washing her hair.
Lisa wäscht sich die Haare.

washing line
die Wäscheleine

Help me take the clothes off the washing line.
Hilf mir, die Wäsche von der Wäscheleine abzunehmen.

washing machine
die Waschmaschine

The washing machine is in the cellar.
Die Waschmaschine steht im Keller.

to wash up (the dishes)
(das Geschirr) abspülen

I like to wash up the dishes with lots of bubbles.
Ich mag es, das Geschirr mit vielen Seifenblasen abzuspülen.

watch
die Armbanduhr

The watch is new.
Die Armbanduhr ist neu.

to watch
beobachten

Ben is watching a deer.
Ben beobachtet ein Reh.

to watch out
aufpassen, vorsichtig sein

Watch out for the bees!
Pass auf die Bienen auf!

to watch TV
fernsehen

Grandad is watching TV.
Opa sieht fern.

water
das Wasser

The water is too cold to go swimming.
Das Wasser ist zu kalt zum Baden.

waterfall
der Wasserfall

How high is the waterfall?
Wie hoch ist der Wasserfall?

watermelon
die Wassermelone

**The watermelon
is sweet and juicy.**
Die Wassermelone
ist süß und saftig.

waterwings
die Schwimm-
flügel

**Tim is wearing
waterwings.**
Tim trägt Schwimm-
flügel.

to wave
winken

**Grandma is waving with
her handkerchief.**
Oma winkt mit ihrem
Taschentuch.

W X
Y
Z

we
wir

**Can we eat some ice
cream?**
Dürfen wir Eis essen?

to wear
tragen

**I wear a different
T-shirt every day.**
Ich trage jeden Tag
ein anderes T-Shirt.

we're/we are
wir sind

**We are excited. We
are going on holiday
tomorrow.**
Wir sind aufgeregt.
Morgen fahren wir
in die Ferien!

weather
das Wetter

The weather is great!
Das Wetter ist toll!

weather forecast
die Wetter-
vorhersage,
der Wetterbericht

**Dad watches the
weather forecast on TV.**
Papa schaut den Wetter-
bericht im Fernsehen.

website
die Webseite

**Ben has his own
website.**
Ben hat eine eigene
Webseite.

Wednesday
der Mittwoch

**Mum goes to yoga
classes every
Wednesday evening.**
Mama geht jeden
Mittwochabend zum
Yogakurs.

week
die Woche

**The school holidays
begin this week!**
In dieser Woche begin-
nen die Schulferien!

weekend
das Wochenende

**I'm looking forward
to the weekend!**
Ich freue mich auf das
Wochenende!

W
X
Y
Z

to weigh
wiegen

**Sam weighs
24 kilograms.**
Sam wiegt
24 Kilogramm.

welcome
willkommen

Welcome to Germany!
Willkommen in
Deutschland!

well
gut

I'm very well thank you.
Danke, mir geht es sehr
gut.

well
nun (ja)

**Well, I don't know
if that's correct.**
Nun ja, ich weiß nicht,
ob das richtig ist.

wellies
die Gummistiefel

**Put on your wellies,
it's raining!**
Zieh deine Gummistiefel
an, es regnet!

Westminster Abbey
Westminster Abbey

**The Queen wears her
crown in Westminster
Abbey.**
Die Queen trägt ihre
Krone in Westminster
Abbey.

wet
nass

**My new shoes are wet
because it's raining
outside.**
Meine neuen Schuhe
sind nass, weil es
draußen regnet.

whale
der Wal

**Whales are the largest
animals in the sea.**
Wale sind die größten
Meerestiere.

what
was

What did you say?
Was hast du gesagt?

What about you?
Was ist mit dir?/
Und du?

**What about you?
Are you happy too?**
Was ist mit dir? Bist
du auch glücklich?

What do you think?
Was meinst du?/
Was meint ihr?

**I think it's right.
What do you think?**
Ich glaube, das ist
richtig. Was meinst du?

What is missing?
Was fehlt?

**There is still space
in the box. What is
missing?**
Da ist immer noch Platz
in der Kiste. Was fehlt?

What's ... like?
Wie ist ... ?

What's she like?
Is she nice?
Wie ist sie so?
Ist sie nett?

What's wrong?
Was ist los?/Wo ist das Problem?

You look so sad.
What's wrong?
Du siehst so traurig aus. Was ist los?

What's your name?
Wie heißt du?

I'm Lisa. What's your name?
Ich bin Lisa. Wie heißt du?

What time is it?
Wieviel Uhr ist es?/ Wie spät ist es?

I'm hungry. What time is it?
Ich habe Hunger. Wie spät ist es?

wheel
das Rad

This bike has got one wheel only.
Dieses Fahrrad hat nur ein Rad.

when
wann

When are you coming home?
Wann kommst du nach Hause?

where
wo

Where does your grandma live?
Wo wohnt deine Oma?

which
welche, welcher, welches

Which one is your bag?
Welche ist deine Tasche?

whipped cream
die Schlagsahne

Papa would like to have the whipped cream.
Papa möchte gerne die Schlagsahne haben.

to whisper
flüstern

Tim is whispering something in Mia's ear.
Tim flüstert Mia etwas ins Ohr.

to whistle
pfeifen

Ben whistles with his fingers in his mouth.
Ben pfeift auf den Fingern.

white
weiß

The doctor wears a white lab coat.
Der Arzt trägt einen weißen Kittel.

191

White House
das Weiße Haus

The president lives in the White House.
Der Präsident lebt im Weißen Haus.

to whizz
zischen

Henry whizzes past Lisa on his bike.
Henry zischt auf seinem Fahrrad an Lisa vorbei.

who
wer

Who won the game?
Wer hat das Spiel gewonnen?

W Z Y

why
warum

Why are you so sad?
Warum bist du so traurig?

wide
weit, breit

The river is wide.
Der Fluß ist breit.

wife
die Ehefrau

Mrs Smith is Mr Smith's wife.
Frau Smith ist die Ehefrau von Herrn Smith.

to wiggle
wackeln, schlängeln

Grandad can wiggle his ears.
Opa kann mit seinen Ohren wackeln.

will
werden

I will do it! Let me help!
Ich werde es machen! Lass mich helfen!

to win
gewinnen

Ben's team is winning the game.
Bens Mannschaft gewinnt das Spiel.

wind
der Wind

The wind blows into the sails.
Der Wind bläst in die Segel.

window
das Fenster

Can you please close the window?
Kannst du bitte das Fenster schließen?

windy
windig

Hold onto your hat! It's very windy.
Halt deinen Hut fest! Es ist sehr windig.

wine
der Wein

Dad likes to drink a glass of wine with dinner.
Papa trinkt gerne ein Glas Wein zum Abendessen.

wing
der Flügel

The eagle has very big wings.
Der Adler hat sehr große Flügel.

winter
der Winter

We go skiing in the winter.
Im Winter fahren wir Ski.

to wish
wünschen

We wish you a Merry Christmas.
Wir wünschen euch schöne Weihnachten.

witch
die Hexe

The witch is casting a spell.
Die Hexe spricht einen Zauberspruch.

with
mit

Aunt Lilly is going to the cinema with Carl.
Tante Lilly geht mit Carl ins Kino.

without
ohne

Tim can't fall asleep without his teddy.
Tim kann ohne seinen Teddy nicht einschlafen.

wolf
der Wolf

Is there a wolf in the woods?
Ist da ein Wolf im Wald?

woman
die Frau

Do you know that woman over there?
Kennst du die Frau da drüben?

wonderful
wundervoll, wunderbar

Grandma thinks the present is wonderful.
Oma findet, dass das Geschenk wunderbar ist.

wool
die Wolle

Wool comes from sheep.
Wolle kommt von Schafen.

woolly hat
die Wollmütze

The baby is wearing a pink woolly hat.
Das Baby trägt eine rosa Wollmütze.

193

word
das Wort

I can find the difficult words in the dictionary.
Die schwierigen Wörter kann ich im Wörterbuch finden.

to work
arbeiten

Where is Dad? He's working.
Wo ist Papa? Er arbeitet.

worksheet
das Arbeitsblatt

Please finish the worksheet at home.
Bitte macht das Arbeitsblatt zu Hause fertig.

world
die Welt

The globe shows the whole world.
Der Globus zeigt die ganze Welt.

to worry
sich Sorgen machen

Don't worry about me. I'll be fine.
Mach dir um mich keine Sorgen. Mir wird es schon gut gehen.

would
würde

Grandad would like to be young again.
Opa würde gerne wieder jung sein.

Would you like ...?
Möchtest du ...?/
Möchten Sie ...?

Would you like **an ice cream?**
Möchtest du ein Eis?

wrapping paper
das Geschenkpapier

I'm wrapping the present in wrapping paper.
Ich packe das Geschenk in Geschenkpapier.

to wrinkle
runzeln, (Nase) rümpfen

Ben can wrinkle his nose. Can you?
Ben kann seine Nase rümpfen. Kannst du das auch?

to write
schreiben

Lisa is writing an e-mail.
Lisa schreibt eine E-Mail.

write back (to somebody)
(jemandem) zurückschreiben

Please write back to me soon.
Bitte schreib mir bald zurück.

to write down
aufschreiben

Write down your number on this piece of paper.
Schreib deine Nummer auf dieses Stück Papier.

wrong
falsch

This answer is wrong.
Diese Antwort ist falsch.

yard (AE)
der Hof

Grandad is sweeping the yard.
Opa kehrt den Hof.

to yawn
gähnen

Dad is yawning because he's tired.
Papa gähnt, weil er müde ist.

year
das Jahr

The year begins on January 1st.
Das Jahr beginnt am 1. Januar.

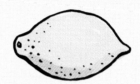

years old
Jahre alt

Ben will be eleven years old this year.
Ben wird in diesem Jahr elf Jahre alt.

yellow
gelb

The lemons are yellow.
Die Zitronen sind gelb.

yes
ja

Yes, I can speak English!
Ja, ich kann Englisch sprechen!

yesterday
gestern

We were at the zoo yesterday.
Wir waren gestern im Zoo.

yippee
hurra

Yippee, it's the summer holidays!
Hurra, es sind Sommerferien!

yoghurt
der Joghurt

I would like a strawberry yoghurt, please.
Ich möchte bitte einen Erdbeerjoghurt.

you
du, Sie

How are you? When are you coming back?
Wir geht es dir? Wann kommst du zurück?

you're welcome
gern geschehen

You're welcome. **It was a pleasure.**
Gern geschehen. Es war mir ein Vergnügen.

195

young
jung

Tim is too young to go to school.
Tim ist zu jung, um zur Schule zu gehen.

your
dein/deine, euer/eure, Ihr/Ihre

Is that your sister?
Ist das deine Schwester?

yuck
igitt

Yuck! The soup tastes salty!
Igitt! Die Suppe schmeckt salzig!

yummy
lecker

Mmm! The pudding is yummy!
Mmm! Der Pudding ist lecker!

to zap
zappen

Dad likes to zap through the TV channels.
Papa zappt gerne durch die Fernsehsender.

zebra
das Zebra

Zebras have got black and white stripes.
Zebras haben schwarze und weiße Streifen.

zebra crossing
der Zebrastreifen

The zebra crossing is a safe way to cross the road.
Der Zebrastreifen ist ein sicherer Straßenübergang.

zoo
der Zoo

There is a baby elephant in the zoo.
Im Zoo gibt es einen kleinen Elefanten.

zoo animal
das Zootier

Lisa has toy zoo animals above her bed.
Lisa hat Spielzeug-Zootiere über ihrem Bett.

zookeeper
der Zoowärter

The zookeeper looks after the animals.
Der Zoowärter kümmert sich um die Tiere.

to zoom in
heranzoomen, die Ansicht vergrößern

Dad zooms in with his camera and takes a photo.
Papa zoomt mit seiner Kamera heran und macht ein Bild.

zoo shop
das Zoogeschäft

Ben bought a rubber snake in the zoo shop.
Ben hat eine Gummischlange im Zoogeschäft gekauft.

How to write postcards

14th June 2013

Hello Lisa,

How are you? I am fine.

I am on holiday. We are in Cardiff.

The weather is fine.

We are at the beach every day.

I am learning how to surf!

That's great fun!

Have a nice time!

Henry

Wie man Postkarten schreibt

14. Juni 2013

Hallo Lisa,

wie geht es dir? Mir geht's gut.
Ich bin in den Ferien. Wir sind
in Cardiff.
Das Wetter ist schön. Wir sind
jeden Tag am Strand.
Ich lerne Surfen! Das macht
super Spaß!
Ich wünsche dir eine schöne Zeit!
Henry

How to write e-mails

Hi Henry!

I hope you are fine!

There is no school today.

I am all alone at home.

On Friday I will do a test.

I hate tests.

See you soon!

Lisa

Wie man E-Mails schreibt

Hi Henry!

Ich hoffe, dir geht's gut.

Heute ist schulfrei, und ich

bin ganz allein zu Hause.

Freitag werde ich eine

Klassenarbeit schreiben.

Ich hasse Klassenarbeiten.

Bis bald!

Lisa

197

Ben's family
Bens Familie

the mum
die Mama

the dad
der Papa

the grandma
die Oma

the grandad
der Opa

the baby
das Baby

the family
die Familie

the aunt
die Tante

the uncle
der Onkel

the friend
der Freund

the friend
die Freundin

the brother
der Bruder

the sister
die Schwester

the cousin
der Cousin

the cousin
die Cousine

the dog
der Hund

the cat
die Katze

the sun
die Sonne

the alarm clock
der Wecker

the school bell
die Schulglocke

the exercise book
das Schulheft

the book
das Buch

the lunch
das Mittagessen

the CD
die CD

the moon
der Mond

the muesli
das Müsli

the milk
die Milch

to sleep
schlafen

to wake up
aufwachen

the poster
das Plakat

the fountain
der Springbrunnen

the black car
das schwarze Auto

the red car
das rote Auto

the red cross
das rote Kreuz

the bus
der Bus

the taxi
das Taxi

the café
das Café

the three stars
die drei Sterne

the slide
die Rutsche

the old woman
die alte Frau

the train
der Zug

the restaurant
das Restaurant

the mummy
die Mumie

the helicopter
der Hubschrauber

the letterbox
der Briefkasten

The wood explorers
Die Waldentdecker

to dig
graben

to carry
tragen

to sleep
schlafen

to croak
quacken

to spin
weben

to drink
trinken

to jump
springen

to fly
fliegen

the spider
die Spinne

the bee
die Biene

the mole
der Maulwurf

the frog
der Frosch

the ant
die Ameise

the deer
das Reh

the duck
die Ente

the owl
die Eule

205

the toilet
die Toilette

the cooker
der Herd

the fridge
der Kühlschrank

the roof
das Dach

the office
das Arbeitszimmer

the bedroom
das Schlafzimmer

the kitchen
die Küche

the washing machine
die Wasch-
maschine

the children's bed
das Kinderbett

the wardrobe
der Kleider-
schrank

the computer
der Computer

the kennel
die Hundehütte

the children's room
das Kinderzimmer

the living room
das Wohnzimmer

the cellar
der Keller

the bath
die Badewanne

Playing music
Wir machen Musik

the trumpet
die Trompete

the violin
die Geige

the harmonica
die Mund-
harmonika

the electric guitar
die E-Gitarre

the triangle
der Triangel

the piano
das Klavier

the recorder
die Blockflöte

the saxophone
das Saxofon

the drum
die Trommel

the tambourine
das Tamburin

TIMETABLE

Lesson	Monday	Tuesday	Wednesday	Thursday	Friday
1	German	Social Studies	Maths	English	Art
2	Social Studies	Maths	German	Geography	Nature Studies
3	Art	P.E.		Music	P.E.
4	English	German	P.E.	Maths	Maths
5	–	–	–	German	–
	Lunch Break	Lunch Break	Lunch Break	Lunch Break	Lunch Break
6	–	Swimming	Music	–	–

Ben's timetable
Bens Stundenplan

the map
die Landkarte

the computer
der Computer

the calculator
der Taschen-
rechner

**the swimming
shorts**
die Badehose

the ball
der Ball

the guitar
die Gitarre

the paintbox
der Tuschkasten

the microscope
das Mikroskop

the schoolbook
das Schulbuch

the dictionary
das Wörterbuch

the teddy bear
der Teddybär

the bread
das Brot

the shoes
die Schuhe

the bottom
der Po

the book
das Buch

the ice cream
das Eis

the jeans
die Jeans

the puddle
die Pfütze

the dog's toy
das Hunde-
spielzeug

the pet shop
die Tierhandlung

the shoe shop
das Schuhgeschäft

the bookshop
der Buchladen

the toyshop
der Spielzeugladen

the bakery
die Bäckerei

the clothes shop
das Modegeschäft

**the ice cream
parlour**
der Eisladen

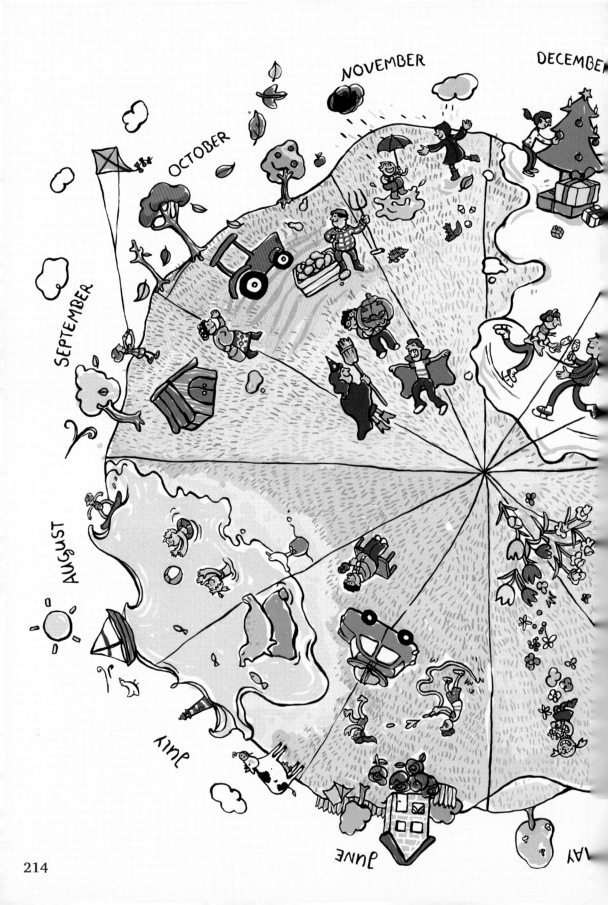

NOVEMBER

DECEMBER

OCTOBER

SEPTEMBER

AUGUST

JULY

JUNE

MAY

The year
Das Jahr

the Easter eggs
die Ostereier

the lamb
das Lamm

the sun
die Sonne

the tractor
der Traktor

the leaves
die Blätter

the sledge
der Schlitten

the kite
der Drachen

the roses
die Rosen

the sheep
das Schaf

the surfboard
das Surfbrett

the seagull
die Möwe

the tree
der Baum

the snowman
der Schneemann

the Christmas tree
der Weihnachtsbaum

the flowers
die Blumen

Halloween
Halloween

At school
In der Schule

the pencil
der Bleistift

the map
die Landkarte

the blackboard
die Tafel

the window
das Fenster

the rubber
der Radiergummi

the chair
der Stuhl

the finger
der Finger

the table
der Tisch

the scissors
die Schere

the tap
der Wasserhahn

the ruler
das Lineal

the computer
der Computer

the teacher
die Lehrerin

the dictionary
das Wörterbuch

the chalk
die Kreide

the butterfly
der Schmetterling

the apple
der Apfel

the orange
die Orange

the pear
die Birne

the cherry
die Kirsche

the strawberry
die Erdbeere

the grapes
die Weintrauben

the banana
die Banane

the cucumber
die Gurke

the potato
die Kartoffel

the cauliflower
der Blumenkohl

the carrot
die Karotte

the tomato
die Tomate

the melon
die Melone

the pepper
die Paprika

the hockey stick
der Hockey-
schläger

the gloves
die Handschuhe

the bar
das Reck

the football
der Fußball

the skateboard
das Skateboard

the tennis racket
der Tennisschläger

the shuttlecock
der Federball

the basketball
der Basketball

the horse
das Pferd

big
groß

small
klein

fat
dick

thin
dünn

quick
schnell

slow
langsam

hot
heiß

cold
kalt

full
voll

empty
leer

new
neu

old
alt

hard
hart

soft
weich

cheap
billig

expensive
teuer

At the beach
Am Strand

the sunglasses
die Sonnenbrille

the waterwings
die Schwimmflügel

the surfboard
das Surfbrett

the shell
die Muschel

the headphones
die Kopfhörer

the magazine
die Zeitschrift

the diving goggles
die Taucherbrille

the camera
der Fotoapparat

to learn to swim
schwimmen lernen

to crawl
krabbeln

to dive
tauchen

to read
lesen

to watch
beobachten

to take photos
fotografieren

to jump
springen

to surf
surfen

the face
das Gesicht

the hair
die Haare

the back
der Rücken

the leg
das Bein

the knee
das Knie

the foot
der Fuß

the feet
die Füße

the arm
der Arm

the hand
die Hand

the eye
das Auge

the nose
die Nase

the mouth
der Mund

the lips
die Lippen

the ear
das Ohr

Traffic chaos
Verkehrsgewimmel

the pram
der Kinderwagen

the police officer
die Polizistin

the police car
das Polizeiauto

the cyclist
die Fahrrad-
fahrerin

the purse
der Geldbeutel

the handbag
die Handtasche

the thief
der Dieb

the traffic lights
die Ampel

the pavement
der Bürgersteig

**the zebra
crossing**
der Zebrastreifen

the lorry
der Lastwagen

the taxi
das Taxi

the bicycle
das Fahrrad

the motorbike
das Motorrad

229

North Pole

Europe

North America

Africa

South America

South Pole

Animals from all over the world
Tiere aus aller Welt

the polar bear
der Eisbär

the camel
das Kamel

the crocodile
das Krokodil

the shark
der Hai

the zebra
das Zebra

the hippo
das Flusspferd

the panda
der Pandabär

the elephant
der Elefant

the lion
der Löwe

the parrot
der Papagei

the kangaroo
das Känguru

the penguin
der Pinguin

the buffalo
der Büffel

the llama
das Lama

the monkey
der Affe

the tortoise
die Schildkröte

232

to go to the cinema
ins Kino gehen

to skate in-line
inlineskaten

to swim
schwimmen

to play football
Fußball spielen

to play cards
Karten spielen

to camp
campen

to whisper
tuscheln

to play basketball
Basketball spielen

to play computer (games)
Computer spielen

Picnic in the park
Picknick im Park

the chicken
das Hühnchen

the sausage
das Würstchen

the baguette
das Baguette

the whipped cream
die Schlagsahne

the cheese
der Käse

the apple juice
der Apfelsaft

the melon
die Melone

the chocolate pudding
der Schokoladen-
pudding

the steak
das Steak

the strawberry
die Erdbeere

the yoghurt
der Joghurt

the sandwich
das belegte Brot

the orange juice
der Orangensaft

the cake
der Kuchen

Register

A

ab, aus
off – 118

der Abend
evening – 56

heute Abend
tonight – 177

das Abendessen
dinner – 49

die Abenteuer-bücher
adventure books – 6

aber
but – 27

der Abfalleimer
litter bin – 101

abgekühlt, gekühlt
chilled – 34

Ab ins Bett!
Off to bed! – 118

abmessen, messen
to measure – 107

abreisen, weggehen
leave – 98

die Absperrung
barrier – 16

(das Geschirr) abspülen
to wash up (the dishes) – 188

der Abstand, die Lücke
gap – 72

sich abwechseln
to take turns – 169

Ach so!
I see! – 148

acht
eight – 55

achtzehn
eighteen – 55

achtzig
eighty – 55

die Adresse
address – 6

der Affe
monkey – 110, 231

Afrika
Africa – 230

der Alarm
alarm – 7

albern, dumm
silly – 152

der Alien, der Außerirdische, die Außerirdische
alien – 8

alle
all – 8

alles
everything – 57

Alles Gute zum Geburtstag!
Happy Birthday! – 81

das Alphabet
alphabet – 8

als
than – 172

also, so, deshalb
so – 156

alt
old – 118, 223

die alte Frau
old woman – 203

das Alter
age – 7

die Ameise
ant – 9, 205

am Ende, am Schluss
in the end – 91

der amerikanische Ureinwohner
Native American – 114

am Morgen, morgens
in the morning – 91

die Ampel
traffic lights – 179, 229

die Amsel
blackbird – 21

an, auf
on – 118

an, bei, zu, in
at – 12

die Ananas
pineapple – 127

das Andenken, das Souvenir
souvenir – 158

andere, anderer, anderes
else – 55

andere, anderer, anderes
other – 120

ändern, wechseln
to change – 32

anfangen
to begin – 18

anfangen, beginnen
to start – 161

das Angeln
fishing – 64

angeln, fischen
to fish – 64

(vor etwas) Angst haben
to be scared (of sth) – 146

Angst haben vor
to be afraid of – 7

Angst machen
to scare – 146

anhalten
to stop – 163

ankommen
to arrive – 11

anmachen, anschalten
to turn on – 181

anmalen, ausmalen
to colour in – 39

der Anorak
anorak – 9

anprobieren
to try on – 180

anrufen
to phone – 126

anrufen; nennen
to call – 29

anschalten, anmachen
to turn on – 181

sich anschließen
to join – 92

ansehen
to look at – 102

heranzoomen, die Ansicht vergrößern
to zoom in – 196

anspitzen
to sharpen – 150

der Anspitzer
sharpener – 150

die Antarktis
Antarctic – 9

die Antilope
antelope – 9

die Antwort
answer – 9

die Anzeige, der Werbespot
advert – 7

(sich) anziehen
to dress – 51

anziehen
to put on – 134

der Apfel
apple – 10, 219

der Apfelkuchen
apple pie – 10

der Apfelsaft
apple juice – 93, 235

die Apfelsine
orange – 219

der Apfelstreuselkuchen
apple crumble – 10

die Apotheke
chemist's – 33

das Apartmenthaus
block of flats – 22

der April
April – 10, 215

April, April!
April fool! – 10

das Aquarium
aquarium – 11

arbeiten
to work – 194

das Arbeitsblatt
worksheet – 194

das Arbeitszimmer
office – 207

arm
poor – 131

der Arm
arm – 11, 227

die Armbanduhr
watch – 188

die Art, die Sorte
kind – 96

der Arzt, die Ärztin
doctor – 50

Asien
Asia – 231

der Ast
branch – 24

der Astronaut, die Astronautin
astronaut – 12

auch
as well – 12

auch
too – 177

auch, außerdem
also – 8

Auf!/Komm(t) schon!
Come on! – 39

auf, an
on – 118

auf dem Weg bleiben
to keep to the path – 95

auf einem Esel reiten
to ride a donkey – 140

aufführen
to perform – 125

die Aufgabe
exercise – 57

aufgeregt, begeistert
excited – 57

aufheben
to pick up – 126

aufhören, (be)enden
to end – 56

aufkleben, kleben
to stick – 162

der Aufkleber, der Sticker
sticker – 162

aufmachen, öffnen
to open – 119

aufpassen
to take care – 169

aufpassen, vorsichtig sein
to watch out – 188

aufräumen
to tidy up – 175

aufregend, spannend
exciting – 57

aufschreiben
to write down – 194

(auf)stampfen, trampeln
to stomp – 163

aufstehen
to get up – 73

aufstehen
to stand up – 161

aufwecken, aufwachen
to wake up – 187, 201

auf Wiedersehen
goodbye – 75

der Aufzug
lift – 100

das Auge
eye – 57, 227

der August
August – 12, 214

die Aula
assembly hall – 12

ab, aus
off – 118

ausblasen
to blow out – 22

aus (etwas heraus)
out of – 120

der Ausflug
trip – 180

ausfüllen, einfüllen
to fill in – 62

ausgezeichnet, hervorragend
excellent – 57

ausmalen, anmalen
to colour in – 39

sich ausruhen
to rest, to have a rest – 139

die Ausrüstung
kit – 96

(aus)schneiden
to cut (out) – 44

das Aussehen
looks – 102

der Außerirdische, die Außerirdische, der Alien
alien – 8

aussteigen
to get out – 73

Australien
Australia – 12, 231

(aus)wählen
to choose – 35

sich ausziehen, etwas ausziehen
to take off – 169

das Auto
car – 30

das schwarze Auto
black car – 203

das rote Auto
red car – 203

autsch, aua
ouch – 120

die Axt
axe – 12

B

das Baby
baby – 14, 199

backen
to bake – 15

die Bäckerei
bakery – 15, 213

der Badeanzug
swimming costume – 167

der Badeanzug
swimsuit – 167

die Badehose
swimming shorts – 167, 211

die Badehose
swimming trunks – 167

baden
to have a bath – 17

das Badetuch
beach towel – 17

die Badewanne
bath – 17, 207

das Badezimmer
bathroom – 17

das Baguette
baguette – 235

der Bahnhof
station – 162

bald
soon – 157

der Balkon
balcony – 15

der Ball
ball – 15, 211

die Bambusblätter
bamboo leaves – 15

die Banane
banana – 15, 219

das Band
ribbon – 139

die Band, die Musikgruppe
band – 15

die Bank (das Geldinstitut)
bank – 16

die Bank (zum Sitzen)
bench – 19

der Bär
bear – 17

der Bart
beard – 17

der Baseball
baseball – 16

der Basketball
basketball – 16, 221

Basketball spielen
to play basketball – 233

der Bauch
belly – 18

der Bauch
tummy – 181

der Bauch, der Magen
stomach – 163

das Bauchweh, die Bauchschmerzen
tummy ache – 181

bauen
to build – 26

Modellflugzeuge bauen
making model planes – 105

der Bauer, die Bäuerin
farmer – 60

die Bäuerin
farmer's wife – 60

das Bauernhaus
farmhouse – 60

der Bauernhof
farm – 60

das Bauernhoftier
farm animal – 60

der Bauernmarkt, der Wochenmarkt
farmers' market – 60

der Baum
tree – 179, 215

die Bausteine
building blocks – 26

der Becher
mug – 112

bedecken
to cover – 41

bedeuten
to mean – 107

bedroht
endangered – 56

beenden
to finish – 63

(be)enden, aufhören
to end – 56

befragen
to quiz – 135

begeistert, aufgeregt
excited – 57

beginnen, anfangen
to start – 161

behalten, halten
to keep – 95

das Bein
leg – 98, 227

beißen
to bite – 21

bekämpfen, kämpfen
to fight – 62

bekommen
to get – 72

das belegte Brot, das Sandwich
sandwich – 145, 235

beliebt
popular – 131

bellen
to bark – 16

benutzen
to use – 184

beobachten
to watch – 188, 225

bequem
comfortable – 39

bereit, fertig
ready – 138

der Berg
mountain – 111

der Beruf, der Job
job – 92

berühmt
famous – 59

berühren
to touch – 177

beschäftigt
busy – 27

beschreiben
to describe – 47

beschriften
to label – 97

beschützen
to protect – 133

der Besen, der Besenstiel
broom, broomstick – 25

die Besetzung, in den Rollen
starring – 161

besitzen
to own – 120

besondere, besonderer, besonderes
special – 159

besondere Tage
special days – 159

besser
better – 19

beste, bester
best – 19

ein Essen bestellen
to order a meal – 119

bestreichen, einfetten
to butter – 27

besuchen
to visit – 185

der Besucher, die Besucherin
visitor – 185

(etwas) betreuen, sich (um etwas) kümmern
to look after (sth) – 102

traurig, betrübt
sorry – 157

das Bett
bed – 18

ins Bett gehen, schlafen gehen
to go to bed – 76

bewegen
to move – 111

die Bewegung
movement – 111

bewölkt
cloudy – 37

bewundernswert, erstaunlich
amazing – 8

bezahlen, zahlen
to pay – 124

die Rechnung bezahlen
to pay the bill – 124

sich biegen, beugen
to bend – 19

die Biene
bee – 18, 205

der Big Ben
Big Ben – 19

der Bikini
bikini – 20

das Bild
picture – 126

bilden
to form – 67

das Bilderbuch
picture book – 126

der Bildschirm
screen – 147

billig
cheap – 32, 223

bin
am – 8

etwas binden, umbinden
to tie – 175

Register

erstaunlich,
bewundernswert
amazing – 8

erste
first – 64

der erste April
April Fool's Day
– 10

der erste
Schultag
first day of school
– 64

der erste Weih-
nachtsfeiertag
Christmas Day
– 35

ich kann es
kaum erwarten
I can't wait – 187

erzählen
to tell – 171

es
it – 91

der Esel
donkey – 50

auf einem Esel
reiten
to ride a donkey
– 140

es gibt, da ist
there is – 173

es gibt, da sind
there are – 173

Es macht Spaß!
It's fun! – 70

essen
to eat – 54

das Essen,
die Mahlzeit
meal – 107

ein Essen
bestellen
to order a meal
– 119

der Essig
vinegar – 185

das Esszimmer
dining room – 49

das Etagenbett,
das Stockbett
bunk bed – 26

etwas
something – 157

etwas; einige
some – 157

etwas, irgend-
ein, irgendeine
any – 10

(irgend)etwas
anything – 10

noch etwas
anything else
– 10

euer/eure, dein/
deine, Ihr/Ihre
your – 196

die Eule
owl – 120, 205

der Euro
euro (€) – 56

Europa
Europe – 230

das Experiment
experiment – 57

F

die Fabeln
fables – 59

die Fahne,
die Flagge
flag – 65

den Fahneneid
schwören
to pledge
allegiance – 129

fahren
to drive – 52

mit etwas
fahren
to go by ... – 74

in Urlaub fahren
to go on holiday
– 75

fahren, reiten
to ride – 140

die Fahrkarte
ticket – 175

das Fahrrad
bicycle – 19, 229

das Fahrrad
bike – 20

Fahrrad fahren
to ride a bike –
140

der Fahrrad-
fahrer, die Fahr-
radfahrerin
cyclist – 44, 229

fair, gerecht
fair – 59

fallen
to fall – 59

fallen lassen
to drop – 52

falsch
false – 59

falsch
wrong – 195

falten
to fold – 66

die Familie
family – 59, 199

fangen
to catch – 31

fantastisch, toll
fantastic – 60

die Farbe
colour – 39

der Farbkasten,
der Malkasten
paintbox – 122

das Fast Food
fast food – 60

der Februar
February – 61,
215

die Feder
feather – 61

der Federball
shuttlecock –
152, 221

das Federball-
spiel
badminton – 14

die Fee
fairy – 59

der Fehler
mistake – 109

feiern
to celebrate – 32

eine Party feiern
to have a party
– 123

der Feind,
die Feindin
enemy – 56

das Feld
field – 62

das Fell
fur – 70

der Fels
rock – 141

felsig, steinig
rocky – 141

das Fenster
window – 192,
217

die Ferien,
der Urlaub
holiday – 84

das Ferkel
piglet – 127

das Fernglas
binoculars – 20

(sich) fernhalten
to keep away
– 95

fernsehen
to watch TV
– 188

das Fernsehen,
der Fernseher
TV (television)
– 170, 181

fertig, bereit
ready – 138

das Fest; das
Festival
festival – 62

das Feuer
fire – 63

die Feuerwache
fire station – 64

das Feuerwehr-
auto
fire engine – 63

der Feuerwehr-
mann, die Feuer-
wehrfrau
firefighter – 63

das Feuerwerk
fireworks – 64

das Fieber
fever – 62

die Figur,
der Charakter
character – 32

der Film
film (BE) – 63

die Film-AG
animation club
– 9

der Filzstift
felt-tip,
Langform: felt-tip
pen – 61

finden
to find – 63

der Finger
finger – 63, 217

der Fisch
fish – 64

fischen, angeln
to fish – 64

der Fischimbiss
fish and chip
shop – 64

Fisch mit
Pommes frites
fish and chips
– 64

die Fisch-
stäbchen
fish fingers – 64

fit bleiben
to stay fit – 162

die Flagge,
die Fahne
flag – 65

die Flagge
der USA
Stars and Stripes
– 161

die Flasche
bottle – 23

eine Flasche ...
a bottle of ... – 23

flattern
to flap – 65

der Fleck
spot – 160

die Fledermaus
bat – 16

das Fleisch
meat – 107

der Fleisch-
fresser
meat-eater – 107

die Fliege
fly – 66

fliegen
to fly – 66, 205

die Flossen
flippers – 65

die (Block)Flöte
recorder – 138,
209

flüchten
escape – 56

der Flug
flight – 65

der Flügel
wing – 193

der Flughafen
airport – 7

das Flugzeug
plane – 128

der Flur
hall – 80

der Fluss
river – 140

das Flusspferd,
das Nilpferd
hippo – 84, 231

flüstern
to whisper – 191

der Flyer, der
Werbezettel
flyer – 66

das Fohlen
foal – 66

folgen
to follow – 66

die Formen
shapes – 150

das Foto
photo – 126

der Fotoapparat
camera – 29, 225

fotografieren
to take photos
– 126, 225

die Frage
question – 135

fragen
to ask – 11

Frankreich
France – 68

die Frau
woman – 193

frei
free – 68

**die Freiarbeits-
stunde am Frei-
tagnachmittag**
Golden Time – 75

der Freitag
Friday – 68

**das Freuden-
feuer**
bonfire – 23

der Freund
boyfriend – 24

**der Freund,
die Freundin**
friend – 69, 199

die Freunde
friends – 233

freundlich
friendly – 69

die Freundschaft
friendship – 69

**das Freund-
schaftsbuch**
friendship book
– 69

frieren
to be cold – 38

das Frisbee
frisbee – 69

frisch
fresh – 68

**der Friseur,
die Friseurin**
hairdresser – 80

froh, fröhlich
merry – 108

der Frosch
frog – 69, 205

frostig
frosty – 69

früh
early – 54

früher
in former times,
in the past – 90

der Frühling
spring – 160

das Frühstück
breakfast – 24

frühstücken
to have breakfast
– 24

der Fuchs
fox – 68

fühlen
to feel – 61

führen
to guide – 78

füllen
to fill – 62

die Füllung
filling – 63

fünf
five – 65

fünfzehn
fifteen – 62

fünfzig
fifty – 62

für
for – 67

für etwas stehen
to stand for sth
– 161

für immer
forever – 67

der Fuß
foot – 66, 227

der Fußball
football – 67, 221

**die Fußball-AG;
der Fußball-
verein**
football club – 67

**die Fußball-
schuhe**
football boots
– 67

Fußball spielen
to play football
– 233

**der Fußballspie-
ler, die Fußball-
spielerin**
football player
– 67

das Fußballtor
goal – 74

**der Fußball-
verein,
die Fußball-AG**
football club – 67

**der Fußboden,
der Boden**
floor – 65

die Füße
feet – 61, 227

**der Fußgänger,
die Fußgängerin**
pedestrian – 124

**der Fußgänger-
überweg**
pedestrian
crossing – 124

füttern
to feed – 61

G

die Gabel
fork – 67

gähnen
to yawn – 195

die Gans
goose – 76

**das Gänse-
blümchen**
daisy – 46

**das ganze Jahr
hindurch**
all year round – 8

die Garage
garage – 72

der Garten
garden – 72

die Garten-AG
gardening club
– 72

**der gasförmige
Planet**
gas planet – 72

der Gast
guest – 78

**die gebackenen
Bohnen**
baked beans
– 15

das Gebäude
building – 26

geben, schenken
to give – 73

der Geburtstag
birthday – 20

**das Geburts-
tagsgeschenk**
birthday present
– 20

**die Geburtstags-
karte**
birthday card
– 20

**der Geburts-
tagskuchen**
birthday cake
– 20

**die Geburtstags-
party**
birthday party
– 20

das Gedicht
poem – 130

Gedichte
poetry – 130

die Gefahr
danger – 46

gefährlich
dangerous – 46

das Gefängnis
prison – 133

das Gefühl
feeling – 61

die Gegensätze
opposites – 223

gegenüber
opposite – 119

gehen
to go – 74

gehören
to belong to – 18

die Geige
violin – 185, 209

Geige spielen
to play the violin
– 129

**der Geist,
das Gespenst**
ghost – 73

die Geisterbahn
ghost train – 73

**gekühlt,
abgekühlt**
chilled – 34

gelb
yellow – 195

das Geld
money – 110

der Geldbeutel
purse – 134, 229

das Gemüse
vegetable – 184

**die Gemüse-
brühe**
vegetable broth
– 185

**genannt,
namens**
called – 29

**genannt werden,
heißen**
to be called – 29

**genau an
diesem Tag**
on this very day
– 119

genießen
to enjoy – 56

geöffnet, offen
open – 119

der Gepard
cheetah – 33

gerade
just – 93

geradeaus
straight ahead
– 163

**geradeaus
gehen**
to go straight
on – 76

**das Geräusch,
der Klang**
sound – 158

gerecht, fair
fair – 59

gern geschehen
you're welcome
– 195

etwas gern tun
to like doing
something – 100

der Geruch
smell – 155

**geschehen,
passieren**
to happen – 81

das Geschenk
present – 132

**das Geschenk-
papier**
wrapping paper
– 194

die Geschichte
history – 84

die Geschichte
story – 163

das Geschirr
dishes – 49

**der Geschirr-
spüler**
dishwasher – 49

das Gesicht
face – 59, 227

**das Gespenst,
der Geist**
ghost – 73

gestern
yesterday – 195

gestreift
striped – 164

gesund
healthy – 82

das Getränk
drink – 52

gewinnen
to win – 192

das Gewitter
thunderstorm
– 174

gewittrig
thundery – 174

**gewöhnlich,
normalerweise**
usually – 184

gießen
to pour – 132

das Gift
poison – 130

giftig
poisonous – 130

die Giraffe
giraffe – 73

die Gitarre
guitar – 78, 211

das Glas
glass – 73

ein Glas …
a glass of … – 74

glatt
straight – 163

glauben
to believe – 18

Register

kurz
short – 151

die kurze Hose,
die Shorts
shorts – 151

küssen
to kiss – 96

L

lächeln, grinsen
to grin – 77

lächeln
to smile – 155

lachen
to laugh – 98

der Laden
shop – 151

das Lager,
das Camp
camp – 30

die Lakritze
liquorice – 100

das Lama
llama – 101, 231

das Lamm
lamb – 97, 215

die Lampe
lamp – 97

das Land
country – 41

das Land
land – 97

landen, an Land
gehen
to land – 97

das Landhaus
cottage – 41

die Landkarte
map – 106, 211, 217

die Landschaft
countryside – 41

lang
long – 102

lang, groß
tall – 169

langsam
slow – 154, 223

langweilig
boring – 23

das Lassi
lassi – 97

lass uns
let's – 99

der Lastkraft-
wagen, der Lkw
lorry (BE) – 103

der Lastwagen
truck – 229

das Laub,
die Blätter
leaves – 98

laufen
to run – 142

laut
loud – 103

laut
noisy – 116

laut rufen,
schreien
to shout – 152

das Leben
life – 100

leben, wohnen
to live – 101

leben in,
wohnen in
to live in – 101

die Lebensmittel
food – 66

der Lebensraum
habitat – 80

der Lebkuchen
gingerbread – 73

lecker
yummy – 196

die Leckerei
treat – 179

leer
empty – 55, 223

legen, stellen,
setzen
to put – 134

legen, stellen,
setzen
to lay – 98

Eier legen
to lay eggs – 98

das Lehrbuch
school book
– 211

der Lehrer,
die Lehrerin
teacher – 170, 217

leicht, einfach
easy – 54

leicht
light – 100

die Leicht-
athletik
athletics – 12

ein Boot leihen
to hire a boat
– 84

leise, ruhig, still
quiet – 135

die Leiter
ladder – 97

der Leopard
leopard – 99

lernen
to learn – 98

die Lese-AG,
die Bücher-AG
book club – 23

lesen
to read – 138, 225

das Lesen
reading – 138

letzte
last – 97

der letzte
Schultag
(vor den Ferien)
last day of term
– 98

leuchten,
scheinen
to shine – 150

leuchtend, hell
bright – 25

der Leuchtturm
lighthouse – 100

die Leute, die
Menschen
people – 125

das Lexikon,
das Wörterbuch
dictionary – 48

liebe, lieber
dear – 47

lieben
to love – 103

lieber mögen
to prefer – 132

der Liebling,
Lieblings-
favourite – 61

das Lied
song – 157

der Liegestuhl
deckchair – 47

lila, violett,
purpur
purple – 134

die Limonade
lemonade – 99

das Lineal
ruler – 142, 217

die Linie
line – 100

links
left – 98

nach links
abbiegen
to turn left – 181

die Lippen
lips – 227

die Liste
list – 101

der Lkw, der
Lastkraftwagen
lorry (BE) – 103

das Loch
hole – 84

der Locher
(hole) punch –
134

lockig
curly – 44

der Löffel
spoon – 159

das London Eye
(Riesenrad in
London)
The London Eye
– 102

der Löwe
lion – 100, 231

die Lücke,
der Abstand
gap – 72

die Luft
air – 7

der Luftballon
balloon – 15

die Luftblase,
die Seifenblase
bubble – 25

die Luftmatratze
air matress – 7

lustig, komisch
funny – 70

M

machen
to make – 105

mächtig
mighty – 109

das Mädchen
girl – 73

magisch
magic – 105

die Mahlzeit,
das Essen
meal – 107

die Mähne
mane – 105

der Mai
May – 106, 214

der Maibaum
maypole – 107

der Mais
corn – 40

malen, zeichnen
to draw – 51

malen
to paint – 122

der Malkasten,
der Farbkasten
paintbox – 122

die Mama
mum – 112, 199

manchmal
sometimes – 157

die Mango
mango – 105

der Mann
man – 105

männlich
male – 105

die Mannschaft
team – 170

der Mantel
coat – 37

das Mäppchen
pencil case – 125

das Märchen
fairy tale – 59

der Marienkäfer
ladybird – 97

der Markt
market – 106, 219

die Marmelade
jam – 92

der Mars
Mars – 106

der März
March – 106, 215

die Mathematik
maths – 106

der Maulwurf
mole – 110, 205

die Maus
mouse – 111

die Mäuse
mice – 108

der Mechaniker,
die Mechani-
kerin
mechanic – 107

die Medien
media – 107

der Medien-
unterricht
ICT – 89

die Medizin,
das Medikament
medicine – 107

das Meer
sea – 148

das Meer-
schweinchen
guinea pig – 78

das Mehl
flour – 65

mehr
more – 111

mein, meine
my – 112

meinen, denken,
glauben
to think – 173

245

Register

247

IMPRESSUM

Konzept Gila Hoppenstedt

Text Gila Hoppenstedt, Karen Richardson

Übersetzung Michelle Werning, Karen Richardson

Muttersprachliches Lektorat Vanessa Magson-Mann

Spiele Gila Hoppenstedt und Langenscheidt Redaktion

Illustrationen Ina Worms

Sprachaufnahmen dbmedia.de, Neuwied

Sprecher Juliet Prew (Englisch), Erwin Lindemann (Deutsch)

Programmierung der Spiele Himmer AG, Augsburg

Design-Konzept und Gestaltung Arndt Knieper, Gröbenzell

Umschlag Sandra Grünberg (Entwurf) und Arndt Knieper (Gestaltung) unter Verwendung von Illustrationen von Angela Glökler, Ulf Marckwort und Katja Rau

Projektmanagement Langenscheidt Redaktion

Satz und Repro Franzis Print & Media, München

Druck C. H. Beck, Nördlingen

© 2014 by Bildungshaus Schulbuch-verlage, Braunschweig, und Langenscheidt GmbH & Co. KG, München

Langenscheidt
ISBN 978-3-468-49060-6

Westermann, Schroedel, Diesterweg
ISBN 978-3-425-71057-0

www.langenscheidt.de/kids

14011